글 사회평론 과학교육연구소

대학에서 오랫동안 과학을 연구한 전문가들이 모여, 우리 아이들이 쉽고 재미있게 공부할 수 있는 책을 만들고 있습니다.

글 이명화 (사회평론 과학교육연구소 연구원)

서울대학교 물리교육과를 졸업하고 같은 대학교 대학원에서 석사, 박사 학위를 받았습니다. 10여 년간 중학교에서 과학을 가르쳤으며, 미국 아리조나 주립대에서 물리학으로 박사 학위를 받고 독일, 미국, 영국에서 연구원으로 근무하였습니다. 쉽고 재미있는 과학책을 쓰는 일에 관심을 갖고 있으며, 현재 사회평론 과학교육연구소 연구원으로 과학책을 만들고 있습니다.

글 김형진 (사회평론 과학교육연구소 연구원)

연세대학교 천문대기과학과를 졸업하고 같은 대학교 대학원에서 석사, 박사 학위를 받았습니다. 과학자를 꿈꾸는 아이들에게 올바른 과학 개념과 과학적 태도를 함께 키울 수 있는 방법을 전달하기 위해 노력하고 있습니다. 현재 사회평론 과학교육연구소 연구원으로 과학책을 만들고 있습니다.

글 설정민 (사회평론 과학교육연구소 연구원)

서울대학교 생물학과를 졸업하고 같은 대학교 대학원에서 석사 학위를 받은 뒤 박사 과정을 수료하였습니다. 아이에게 과학을 쉽고 재미있게 얘기해 주려 노력하다 보니 어린이를 위한 책을 만드는 일에도 관심을 가지게 되었습니다. 현재 사회평론 과학교육연구소 연구원으로 과학책을 만들고 있습니다.

그림 김인하

시각디자인을 전공하고 1999년 월간지에 만화를 연재하며 작품 활동을 시작하였습니다. 《건방진 우리말 달인》, 《똑똑한 어린이 대화법》 등에 그림을 그렸습니다. 이 책을 읽는 어린이들의 밝은 미래를 기원합니다.

그림 뭉선생

2004년 LG 동아 국제만화 공모전에 입상하며 작품 활동을 시작했습니다. 그린 책으로 《조지의 우주를 여는 비밀 열쇠》 시리즈, 《용선생 만화 한국사》 시리즈, 《용선생 처음 한국사》 시리즈, 《용선생 처음 세계사》 시리즈 등이 있습니다.

그림 윤효식

2002년 《소년 챔프》에 〈신검〉으로 데뷔하여 어린이에게 유익한 학습 만화를 그리고 있습니다. 그린 책으로 《마법천자문 사회원정대》 시리즈, 《용선생 만화 한국사》 시리즈, 《용선생 처음 한국사》 시리즈, 《용선생 처음 세계사》 시리즈 등이 있습니다.

감수 강남화

서울대학교 물리교육과를 졸업하고 같은 대학교 대학원에서 석사 학위를 받았습니다. 미국 조지아주립대학교에서 박사 학위를 받았습니다. 미국에서 10년간의 교수 생활 후 현재 한국교원대학교 물리교육과 교수로 재직 중입니다. 2015 개정 교육과정의 고등학교 물리교과서를 함께 저술했으며, 함께 번역한 책으로 《재미있는 물리 여행》, 《드로잉 피직스》가 있습니다.

캐릭터 이우일

홍익대학교에서 시각디자인을 공부한 만화가입니다. 그림책 작가인 아내 선현경, 딸 은서, 고양이 카프카와 함께 그림을 그리고 글을 쓰며 살고 있습니다. 지은 책으로 《우일우화》, 《옥수수빵파랑》, 《좋은 여행》, 《고양이 카프카의 고백》 등이 있고, 그린 책으로 《노빈손》 시리즈, 《용선생의 시끌벅적 한국사》 시리즈, 《교양으로 읽는 용선생 세계사》 시리즈 등이 있습니다.

용선생의 시끌벅적 과학교실

운동

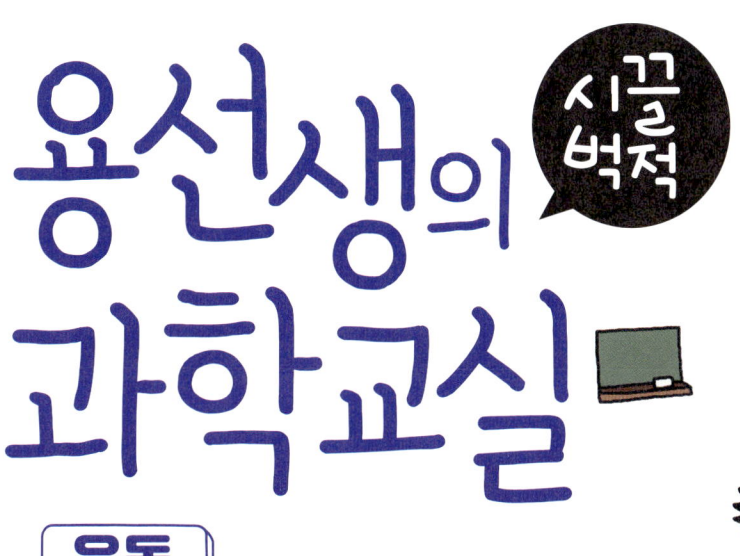

글 사회평론 과학교육연구소 | 그림 김인하·뭉선생·윤효식 | 감수 강남화 | 캐릭터 이우일

달에 망치를 가져간 까닭은?

사회평론

프롤로그

여러분, 안녕? 과학반을 맡은 용선생이야. 내 명성은 익히 들어 봤겠지? 역사반과 세계사반을 모두 훌륭하게 성공시키며 방과 후 교실 최고의 인기 교사가 된 그 용선생이란다. 교장 선생님께서 특별히 부탁하셔서 이번에는 과학반을 맡게 되었어. 어찌나 사정을 하시던지 도무지 거절할 수가 없었지 뭐야. 그래서 이 몸이 깜짝 놀랄 수업을 준비했단다.

우리의 수업은 언제나 질문과 함께 출발해. 세상을 둘러보다가 누군가 "저건 왜 그래요?" 하고 질문하면 바로 그 순간 수업이 시작되는 거지. 이제부터 용선생의 시끌벅적 과학교실을 제대로 즐기는 방법을 하나씩 알려 줄게.

첫째, 과학반 친구들과 함께 호기심을 갖고 질문해 봐. 과학을 어렵게만 생각하지 말고, 매 교시마다 아이들이 어떤 호기심을 가지는지 관심을 가져 봐. 과학반 친구들과 함께 '왜 그럴까?', '어떻게 알아낼 수 있을까?' 고민하다 보면 어렵던 과학도 쉽게 느껴질 거야.

둘째, 어려운 내용은 사진과 그림으로 이해해 봐. 어려운 과학 개념과 원리를 한 장의 사진이나 그림을 통해 단숨에 이해할 수도 있어. 그래서 너희를 위해 사진과 그림을 많이 준비했단다. 글을 읽다가 어렵다 싶으면 옆에 있는 사진과 그림을 봐. 잘 이해되지 않던 내용이 틀림없이 술술 이해될 거야.

셋째, 배운 내용을 되새기며 머릿속에 정리해 봐. 왁자지껄한 수업을 마치고 나면 뭘 배웠는지 정리가 안 될 때도 있을 거야. 그럴 때를 대비해 중간중간 핵심 정리를 준비했어. 또 배운 내용을 4컷 만화로 재미있게 요약해 두었지. 게다가 교시가 끝날 때마다 나선애의 정리노트도 마련했단다. 이 정도면 학습 정리는 문제없겠지?

과학은 분야도 다양하고 배울 내용도 아주 많아. 쉽게 이해할 수 있는 부분도 있지만, 여러 번 곰곰이 생각해 봐야 알 수 있는 부분도 있지. 이 책을 여러 번 다시 읽다 보면 구석구석 빠짐없이 모두 이해될 거야.

자, 이제 용선생의 시끌벅적 과학교실을 제대로 즐길 준비가 됐겠지? 그럼 신나는 수업을 시작해 볼까?

차례 | 운동

1교시 | 위치와 운동

위치를 어떻게 나타낼까?

왼쪽, 오른쪽만으로는 위치를 알 수 없어! ··· 13
거리를 어떻게 나타낼까? ··· 16
축구공도 운동을 한다고? ··· 20

나선애의 정리 노트 ··· 24
과학퀴즈 달인을 찾아라! ··· 25

교과연계
초 5-2 물체의 운동 | 중 3 운동과 에너지

3교시 | 관성

안전띠를 꼭 매야 하는 까닭은?

천장에 몸을 부딪힌 까닭은? ··· 47
관성 법칙! ··· 52
관성 때문에 이런 일이? ··· 56

나선애의 정리노트 ··· 60
과학퀴즈 달인을 찾아라! ··· 61
용선생의 과학 카페 ··· 62
  - 갈릴레이는 어떻게 관성을 알아냈을까?

교과연계
초 5-2 물체의 운동 | 중 1 여러 가지 힘 |
중 3 운동과 에너지

2교시 | 속력

어느 게 더 빠를까?

이동 거리가 같을 때 빠르기는? ··· 29
걸린 시간이 같을 때 빠르기는? ··· 31
이동 거리와 걸린 시간이 모두 다르면? ··· 33

나선애의 정리노트 ··· 40
과학퀴즈 달인을 찾아라! ··· 41
용선생의 과학 카페 ··· 42
  - 구간 단속 카메라의 원리는?

교과연계
초 5-2 물체의 운동 | 중 3 운동과 에너지

4교시 | 힘과 운동

쇼트 트랙에서 다음 선수를 미는 까닭은?

왜 주자를 뒤에서 밀까? … 67
아래로 떨어질 때 왜 점점 빨라질까? … 70
힘이 운동 방향과 반대로 작용하면? … 74

나선애의 정리노트 … 78
과학퀴즈 달인을 찾아라! … 79
용선생의 과학 카페 … 80
 - 양궁 선수가 과녁을 비스듬히 겨누는 까닭은?

교과연계
초 5-2 물체의 운동 | 중 1 여러 가지 힘 |
중 3 운동과 에너지

6교시 | 원운동

인공위성은 왜 안 떨어질까?

하늘에 떠 있는 방법 … 101
인공위성을 돌리는 힘은? … 106
구심력이 갑자기 사라지면? … 110

나선애의 정리노트 … 114
과학퀴즈 달인을 찾아라! … 115
용선생의 과학 카페 … 116
 - 같은 자리에 떠 있는 인공위성의 비밀

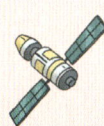

교과연계
초 5-2 물체의 운동 | 중 1 여러 가지 힘 |
중 3 운동과 에너지

5교시 | 속력의 변화

배드민턴공이 빠른 까닭은?

배드민턴공은 왜 야구공보다 빠를까? … 84
왜 카트를 둘이 밀면 더 빨리 갈까? … 88
뭐가 먼저 떨어질까? … 91

나선애의 정리노트 … 96
과학퀴즈 달인을 찾아라! … 97

교과연계
초 5-2 물체의 운동 | 중 1 여러 가지 힘 |
중 3 운동과 에너지

가로세로 퀴즈 … 118
교과서 속으로 … 120

찾아보기 … 122
퀴즈 정답 … 123

등장인물

용쓴다 용써!
용선생

체력 ★★★
지력 ★★★★★
감성 ★★★
호기심 ★★★★★
유머 ★★

열정이 가득한 과학 선생님. 하늘을 향해 거침없이 솟은 머리카락과 삐죽삐죽한 수염이 매력 포인트. 생생한 과학 수업을 하기 위해 물불을 가리지 않는다.

장하다 장해!
장하다

체력 ★★★★★
지력 ★
감성 ★★★★
호기심 ★★★★★
유머 ★★★★★

'튼튼하게만 자라 다오.'라는 아버지의 소원대로 튼튼하게 자랐다. 성격은 일등, 성적은 비밀이다. 시험을 못 봐도 씩씩하고, 엉뚱한 질문으로 수업에 활력을 준다.

오늘도 나선다!
나선애

체력 ★★★★
지력 ★★★★
감성 ★★★
호기심 ★★★★★
유머 ★★★

과학자를 꿈꾸는 우등생. 공부도 잘하고 아는 게 많아서 모든 일에 앞장서는 타입이다. 겉으로는 차가워 보이지만 내심 따뜻한 면도 가지고 있다. 전혀 티가 안 나서 그렇지.

잘난 척 대장
왕수재

체력 ★★★
지력 ★★★★
감성 ★
호기심 ★★★★★
유머 ★

세상에서 자기가 제일 잘난 줄 안다. '천재는 외로운 법이고 질투의 대상인 법'이라나. 친구들에게 깐죽거리는 데에도 천재적이다. 그래도 수업에는 늘 적극적으로 참여한다.

낭만 가득
허영심

체력 ★★★★★
지력 ★★★
감성 ★★★★
호기심 ★★★★★
유머 ★★

과학반 귀염둥이
곽두기

체력 ★★★
지력 ★★★★
감성 ★★★★
호기심 ★★★★★
유머 ★★★★

감성이 풍부해도 너무 풍부하다. 떨어지는 낙엽이나 밤하늘의 별을 보며 눈물짓고, 조그만 벌레와 대화를 나누는 사차원 성격. 하지만 누구보다 정이 많고 낭만적이다.

형과 누나들의 귀여움을 독차지하는 과학반 막내. 나이도 가장 어리고 타고난 동안이라 언뜻 보면 유치원생 같다. 훈장 할아버지 덕에 어려운 단어를 줄줄 꿰고 있다.

우리를 찾아봐!

치타
속력이 120 km/h 정도로, 매우 빠른 동물이야.

아이스하키 퍽
아이스하키 경기에 쓰이는 작은 원반 모양의 공이야. 고무로 만들어졌어.

지구
우리가 사는 행성으로, 태양 주위를 계속 돌고 있어.

셔틀콕
배드민턴에 쓰이는 공이야. 코르크에 깃털을 꽂아서 만들어.

인공위성
로켓을 이용해 쏘아 올린 장치로, 우주에서 지구 주위를 돌며 여러 가지 일을 해.

"허영심! 너 어떻게 된 거야? 어제 왜 안 나왔어?"

"무슨 일이야?"

씩씩거리며 과학실에 들어선 장하다에게 나선애가 물었다.

"어제 새로 생긴 분식집에서 영심이랑 만나기로 했는데, 영심이가 안 나왔어!"

"무슨 말이야! 바람맞힌 건 너잖아! 게다가 네가 말한 곳으로 가니까 분식집은커녕 편의점밖에 없던데, 뭐!"

허영심이 눈을 동그랗게 뜨며 대꾸했다. 이때 용선생이 과학실로 들어섰다.

"어허, 둘이 서로 다른 곳에서 기다렸나 보다. 위치를 정확히 말하지 않으면 이런 일이 생기기 쉽지."

"위치요? 분명 정확히 말한 것 같은데……."

 ## 왼쪽, 오른쪽만으로는 위치를 알 수 없어!

"약속 장소가 어디였니?"

"놀이터에서 왼쪽으로 5분 거리에 있는 분식집 앞이요."

용선생의 물음에 장하다가 먼저 볼멘소리로 답했다. 그러자 허영심이 억울한 표정을 지었다.

"분명 거기로 갔는데, 분식집도 없고 하다도 없었어요!"

"자, 어떻게 된 일인지 차근차근 얘기해 보자고!"

용선생이 놀이터 주변의 약도를 칠판에 그린 뒤 장하다에게 분식집의 위치를 칠판에 표시하라고 말했다.

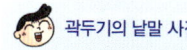 **곽두기의 낱말 사전**

거리 두 장소나 물체 사이에 떨어진 길이를 말해.

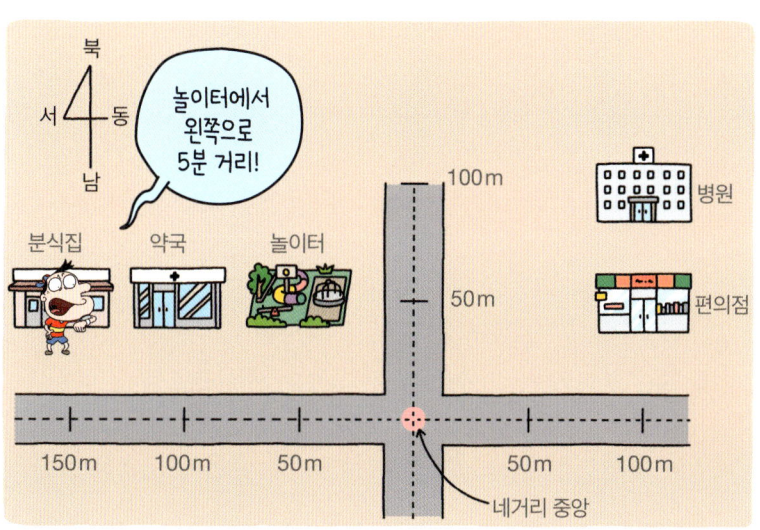

장하다가 칠판에 분식집의 위치를 표시하자 허영심이

외쳤다.

"야! 거기는 왼쪽이 아니라 오른쪽이지! 그리고 그게 무슨 5분 거리야?"

"그럼 넌 어디로 갔던 거야?"

장하다가 의아한 표정으로 묻자 허영심이 자신이 갔던 곳을 칠판에 표시했다.

"아하, 둘이 서로 반대 방향으로 갔네요!"

나선애의 말에 용선생이 고개를 끄덕였다.

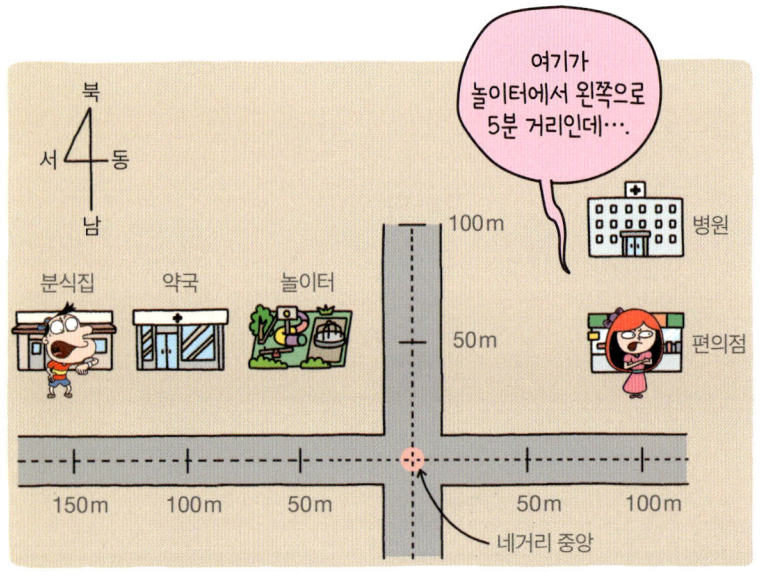

"맞아. 놀이터에서 왼쪽이라고만 하면 놀이터를 바라보고 왼쪽인지 놀이터를 등지고 왼쪽인지 알 수 없지."

"그럼 어떻게 말해야 해요?"

"위치를 정확히 나타내려면 세 가지를 말해야 해. 먼저, 기준이 되는 지점을 말해야 하지. 이것을 '기준점'이라고 해. 다음으로 기준점으로부터 물체가 있는 곳의 방향을 말하고, 마지막으로 물체가 기준점으로부터 얼마나 떨어

져 있는지 거리를 말하면 돼."

"그럼 이제 '놀이터에서 출발해서 놀이터를 바라보고 왼쪽으로 5분 거리에서 만나자.'라고 하면 될까요?"

"하하! 맞긴 한데 항상 그렇게 말하려면 더 불편하지 않겠니? 기준점으로부터 방향을 말할 때는 보통 왼쪽, 오른쪽보다 동서남북을 사용하지. 이것을 4방위라고 해. 방위는 방향을 나타내는 방법 중 하나인데, 지도에는 대부분 4방위가 표시되어 있어."

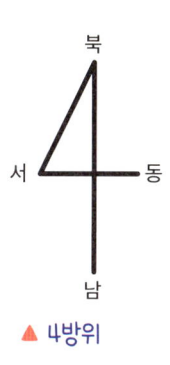
▲ 4방위

용선생이 지도에 있는 4방위를 가리키며 말했다.

"그럼 분식집의 위치를 4방위로 어떻게 말해요?"

"지도를 봐. 분식집은 놀이터를 바라보고 왼쪽인데, 지도에서 왼쪽은 서쪽이지? 그러니까 놀이터로부터 서쪽이라고 하면 되지!"

"그럼 편의점은 놀이터로부터 동쪽에 있네요?"

"그렇지!"

핵심정리

물체의 위치는 기준점으로부터 물체가 있는 곳의 방향과 거리로 나타내.
방향은 보통 동서남북을 사용하여 나타내.

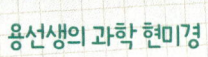 용선생의 과학 현미경

방향을 더 자세히 나타내려면?

물체의 위치를 나타낼 때 방향이 정확히 동, 서, 남, 북이 아닌 경우도 많아. 이럴 때에는 어떻게 할까?

우선 동, 서, 남, 북 네 방향 사이를 각각 반으로 나누어. 그럼 8개의 선이 나와. 이때 북과 동 사이에 있는 방향을 북동, 북과 서 사이를 북서, 남과 동 사이를 남동, 남과 서 사이를 남서라고 해. 총 여덟 개의 방향으로 이루어져 있어서 8방위라고 하지.

8방위로도 방향을 나타낼 수 없을 때에는 8방위 사이마다 다시 선을 그어. 그럼 모두 16개의 선이 나오는데, 이를 16방위라고 해. 북과 북동 사이는 북북동, 동과 북동 사이는 동북동, 이런 식으로 16방위를 표시하지.

▲ 8방위　　▲ 16방위

거리를 어떻게 나타낼까?

용선생이 칠판을 가리키며 말을 이었다.

"방향뿐 아니라 거리를 정확히 말하는 것도 중요해. 하다는 놀이터에서 5분 거리라고 말했는데 영심이는 하다보다 더 먼 거리를 갔어. 이처럼 5분 거리는 얼마나 빠르게 걷느냐에 따라 이동한 거리가 달라질 수 있어서 좀 더 정확하게 표현해야 해."

"어떻게요?"

장하다가 몸을 앞으로 바싹 당기며 물었다.

"거리는 보통 m(미터)나 km(킬로미터)를 단위로 사용하여 나타내."

"오, 기억나요. 수학 시간에 배운 것 같아요! 근데 km랑 m 중에 어떤 게 더 큰 단위예요?"

"1km는 1,000m야. 그러니까 km가 m보다 더 큰 단위이지. 그 외에 cm(센티미터)와 mm(밀리미터)도 거리의 단위란다. 1m는 100cm이고, 1cm는 10mm이지."

이때 곽두기가 필통에서 자를 꺼내며 말했다.

"맞아요! 1mm 눈금 10개가 모이면 1cm가 돼요!"

"좋아! 그럼 거리의 단위를 정리해 볼까?"

▲ cm는 mm보다 10배 큰 단위야.

"자, 이제 거리의 단위를 배웠으니, m를 사용해서 분식집 위치를 다시 말해 볼래?"

용선생이 장하다에게 묻자 장하다가 크게 대답했다.

"네! 분식집은 놀이터로부터 서쪽으로 100m인 위치에 있어요."

"에이, 처음부터 그렇게 말하지! 그럼 만날 수 있었을 텐데……."

"너도 배우기 전엔 몰랐잖아!"

"근데 기준점을 꼭 놀이터로 해야 하나요?"

곽두기가 고개를 갸웃하며 물었다.

"물론 아니지! 편의점을 기준점으로 정해서 분식집의 위치를 나타낼 수도 있어. 한번 영심이가 말해 볼래?"

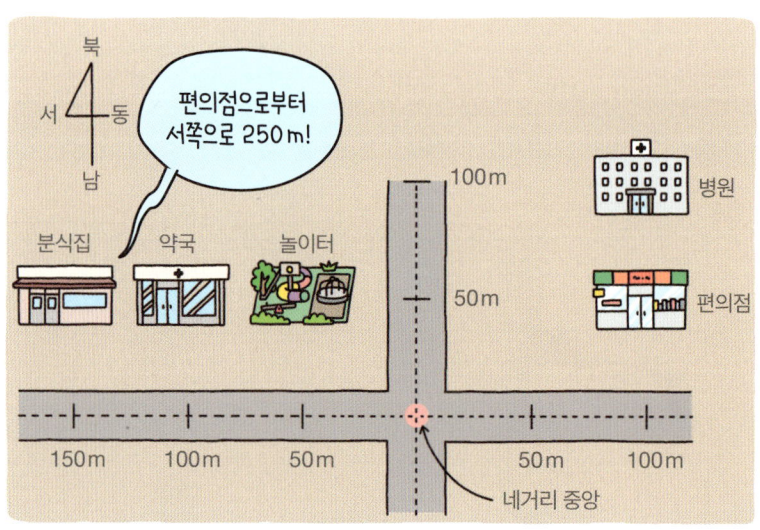

"네! 분식집은 편의점으로부터 서쪽으로 250 m인 위치에 있어요."

"그렇지! 그럼 이번엔 네거리 중앙을 기준점으로 병원의 위치를 말해 볼까?"

"어? 네거리 중앙에서 병원을 가려면 동쪽으로 갔다가 북쪽으로 가야겠네요? 아니면 북쪽으로 갔다가 동쪽으로 가던가요?"

"맞아! 그걸 차례대로 말하면 돼."

"병원은 네거리 중앙으로부터 동쪽으로 100 m, 북쪽으로 100 m인 위치에 있어요!"

"아주 잘했어! 이번엔 편의점을 기준점으로 병원의 위치를 나타내 볼까?"

"오, 이게 훨씬 간단하네요! 병원은 편의점으로부터 북쪽으로 50 m인 위치에 있어요."

"그렇지!"

용선생은 흐뭇한 미소를 지으며 고개를 끄덕였다.

핵심정리

거리를 나타낼 때에는 보통 m(미터)나, km(킬로미터)를 단위로 사용해.

 ## 축구공도 운동을 한다고?

"자, 선생님이 퀴즈 하나를 내 볼게. 두 사진의 차이점은 뭘까?"

"에이, 너무 쉽잖아요! 영심이의 위치가 달라졌어요."

장하다가 사진을 가리키며 말했다.

"하하, 그래. 영심이가 이동해서 위치가 달라졌지. 그런데 이처럼 물체의 위치가 시간에 따라 변하는 것을 가리키는 과학 용어가 있어. 바로 '운동'이야. 많이 들어 봤지?"

이때 곽두기가 손을 번쩍 들었다.

"달리기, 축구, 이런 거요?"

"음……. 일상생활에서 운동이라고 하면 스포츠 경기를 떠올리지? 그런데 과학에서는 시간이 지남에 따라 물체의 위치가 변하는 것을 모두 운동이라고 해. 사람뿐 아니라 물체도 운동할 수 있지."

용선생이 교탁 옆에 있는 축구공을 발로 밀자 공이 데구루루 굴러갔다.

"교탁은 시간이 지나도 위치가 변하지 않아. 그러니까 교탁은 운동하지 않는 물체야. 하지만 공은 저 끝으로 굴러가면서 위치가 변했으니까 운동하는 물체이지."

이때 허영심이 창밖에 날아가는 새를 가리키며 물었다.

"그럼 저 새도 운동하고 있는 거네요?"

"그렇지!"

"그렇게 생각하면 우리 주변에는 운동하는 물체가 엄청 많네요! 새, 비행기, 자동차……."

"맞아! 물론 제자리에 멈춰 있는 동안은 빼고 말이야."

"지하철역에 있는 에스컬레이터도 계속 움직이잖아요. 그것도 운동하는 거예요?"

"맞아!"

"하늘을 볼 때마다 구름도 위치가 조금씩 변하는데, 그럼 구름도 운동하는 거예요?"

"그렇단다! 그뿐만이 아니야. 지구는 태양 주위를 계속 돌고 있는데 시간이 지남에 따라 위치가 계속 변하니까 지

▲ **축구공의 운동** 시간이 지남에 따라 물체의 위치가 변하는 것을 운동이라고 해.

▼ 새의 운동

▲ 지구의 운동

구도 계속 운동하는 거란다."

"헉, 지구도 운동하고 있다니!"

용선생이 고개를 끄덕이며 말을 이었다.

"물체의 운동은 물체가 이동하는 데 걸린 시간과 물체가 이동한 거리로 나타내. 예를 들면 '몇 시간 동안 몇 m를 이동했다.' 하는 식으로 말이야.

"오호, 시간과 거리를 말하면 되는군요."

"응. 예를 들어, 영심이가 편의점에서 분식집까지 가는 데 10분이 걸렸다고 하자. 그럼 영심이의 운동을 어떻게 나타낼 수 있을까?"

허영심이 손을 들고 말했다.

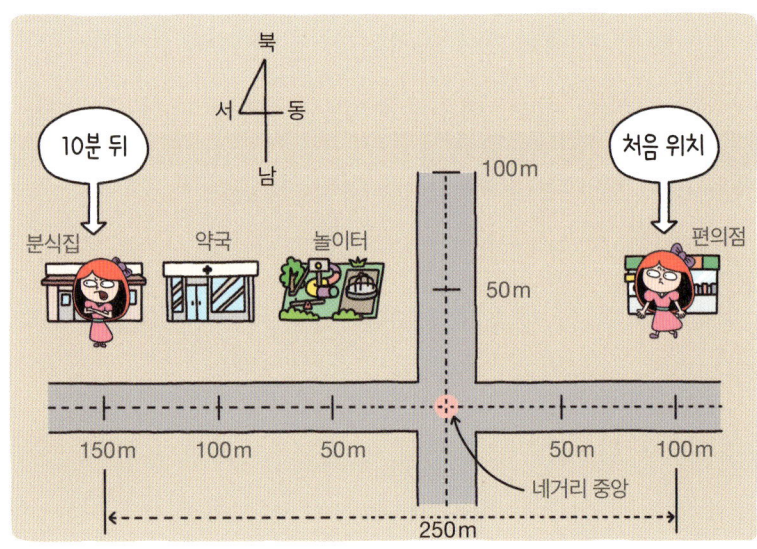

"저는 10분 동안에 250 m를 이동했어요."

그러자 나선애가 고개를 갸웃하며 말했다.

"근데 그렇게 말하면 분식집 반대 방향으로 250 m를 이동했다고 생각할 수도 있잖아요."

"하하, 선애가 예리한데? 이동 거리뿐만 아니라 방향을 함께 말하면 운동을 더 구체적으로 나타낼 수 있지."

"그러면 영심이는 10분 동안에 편의점으로부터 서쪽으로 250 m를 이동했어요."

"그렇지! 이만하면 오늘 수업은 끝내도 될 것 같구나."

그러자 장하다가 가방을 싸며 허영심에게 눈짓을 했다.

허영심이 영문을 모르고 멀뚱멀뚱 장하다를 쳐다보자 용선생이 대신 물었다.

"왜? 어디 가려고?"

"이제 영심이가 분식집을 찾을 수 있게 됐으니까 떡볶이 먹으러 가야죠!"

 핵심정리

시간이 지남에 따라 물체의 위치가 변하는 것을 운동이라고 해. 물체의 운동은 물체가 이동하는 데 걸린 시간과 이동 거리로 나타내.

나선애의 정리노트

1. 위치

① 물체의 위치는 ⓐ_____ 으로부터 물체가 있는 곳의 ⓑ_____ 과 거리로 나타냄.

② 방향은 보통 동서남북의 4방위로 나타냄.

③ 거리는 m(미터), km(킬로미터) 등을 단위로 사용함.

· 1 km = 1,000 m

2. 운동

① 시간이 지남에 따라 물체의 ⓒ_____ 가 변하는 것

② 물체가 이동하는 데 걸린 시간과 ⓓ_____ 로 나타냄.

③ 운동하는 물체의 예: 발로 찬 축구공, 날아가는 새, 태양 주위를 도는 지구 등

ⓐ 기준점 ⓑ 방향 ⓒ 위치 ⓓ 이동 거리

 # 과학퀴즈 달인을 찾아라!

●정답은 123쪽에

01

친구들이 이번 시간에 배운 내용에 대해 이야기하고 있어. 옳으면 O, 옳지 않으면 X를 표시해 줘.

① 운동은 시간이 지남에 따라 물체의 위치가 변하는 거야. (   )
② 운동을 나타내려면 이동한 거리만 알면 돼. (   )
③ 제자리에 있는 나무는 운동하지 않는 물체야. (   )

02

아래 두 그림을 보고 운동한 물체를 찾아 그림에 동그라미로 표시해 줘.

2교시 | 속력

어느 게 더 빠를까?

교과연계

초 5-2 물체의 운동
중 3 운동과 에너지

둘 중 어느 게 더 빠른지 알아볼까?

사자도 엄청 빠를 것 같은데?

속력

① 위치와 운동
② 속력
③ 관성
④ 힘과 운동
⑤ 속력의 변화
⑥ 원운동

"와, 쟤들은 엄청 빨리 달린다!"
"쟤들? 누구?"

책을 읽던 나선애가 동영상을 보고 있는 허영심을 향해 고개를 돌리며 물었다.

"아프리카에 사는 동물들 말이야. 특히 치타는 정말 빠른 거 같아."

"치타가 사자보다 더 빠를까?"

"치타가 제일 빠르다고 어디서 봤어."

"치타랑 사자를 서로 경주 시킨 것도 아닐 텐데 뭐가 더 빠른지 어떻게 알지?"

허영심이 "글쎄?" 하며 고개를 갸웃하는데 어느새 나타난 용선생이 말했다.

"경주를 시키지 않아도 빠르기를 비교할 방법이 있지!"

이동 거리가 같을 때 빠르기는?

"어떻게 경주를 시키지 않고 빠르기를 비교해요?"

"일단 평소에 우리가 어떻게 빠르기를 비교하는지 생각해 보자. 예를 들어, 선애와 수재가 체육 시간에 50m 달리기를 하는데, 둘이 동시에 출발해서 선애가 도착점에 먼저 도착했어. 그럼 누가 더 빠른 거지?"

"그야 당연히 제가 더 빠른 거죠!"

나선애가 큰 소리로 답했다.

"맞아. 이때 선애와 수재가 이동한 거리는 50m로 같아. 그런데 선애가 먼저 도착했으니까 걸린 시간은 선애가 더 짧아. 이렇듯 일정한 거리를 이동할 때에는 이동하는 데 걸린 시간이 짧을수록 빠르다고 하지."

아이들이 고개를 끄덕였다.

"선애와 수재가 동시에 출발하면 굳이 시간을 재지 않아도 누가 더 빠른지 쉽게 알 수 있어. 이번에는 반 전체에서 누가 제일 빠른지 알고 싶은 경우를 생각해 보자. 그런데 반 학생 전체가 동시에 출발할 수는 없겠지?"

"그렇죠! 그럴 땐 50m를 뛰는 데 걸린 시간

을 재면 돼요. 체육 시간에 담임 선생님이 초시계로 시간을 재신 덕분에 반에서 누가 제일 빠른지 알 수 있었어요!"

왕수재의 말에 용선생이 고개를 끄덕였다.

"그렇지! 운동 경기를 할 때에는 시간을 재서 빠르기를 비교하는 경우가 아주 많아. 수영 경기에서 조를 나누어 경기를 치를 때에도 선수들이 도착하는 데 걸린 시간을 비교해서 누가 더 빠른지 알아내지."

▲ 수영 경기의 시간 기록

"오, 생각해 보니까 스피드 스케이팅도 비슷해요! 2인 1조로 경기를 해서 시간을 재잖아요. 그리고 나중에 시간 기록을 비교해서 순위를 매기고요."

"그러고 보니 육상 경기에서도 시간 기록을 재서 순위를 매겼던 것 같아요!"

"맞아. 육상 경기, 쇼트 트랙, 봅슬레이 등 빠르기를 겨루는 대부분의 운동 경기에서는 일정한 거리를 이동할 때

▲ 스피드 스케이팅 400 m 길이의 경기장에서 두 명의 선수가 동시에 달려.

▲ 쇼트 트랙 111.12 m 길이의 경기장에서 4~6명의 선수가 동시에 달려.

▲ 봅슬레이 방향을 조종할 수 있는 썰고 1,200~1,300 m 길이의 트랙을

걸린 시간을 비교해서 선수들의 빠르기를 비교해."

물체가 이동한 거리가 같을 때에는 걸린 시간이 짧을수록 물체가 빠른 거야.

 걸린 시간이 같을 때 빠르기는?

용선생이 아이들을 둘러본 뒤 말을 이었다.

"이동하는 데 걸린 시간 대신 이동한 거리를 비교해서 누가 더 빠른지 비교할 수도 있어."

"어떻게요?"

"혹시 체육 시간에 각자 다른 달리기 종목을 선택해서 동시에 출발하고 호루라기를 불면 멈추는 경주를 해 본 적이 있니?"

그러자 장하다가 손을 들고 말했다.

"네! 지난주 체육 시간에 했어요! 저는 거꾸로 뛰기, 선애는 한 발로 뛰기, 수재는 두 발 모아 뛰기를 했어요."

"누가 가장 빨랐지?"

"저요! 제가 가장 멀리 갔거든요!"

장하다가 의기양양한 목소리로 말했다.

"그랬구나! 이렇듯 일정한 시간 동안 이동한 물체의 빠르기를 비교하려면 물체가 이동한 거리를 비교하면 돼. 물체가 빠를수록 같은 시간 동안 더 먼 거리를 이동하거든."

아이들이 고개를 끄덕이자 용선생이 말을 이었다.

"퀴즈를 내 볼까? 영심이는 자동차를, 선애는 KTX(케이티엑스) 기차를 타고 동시에 서울을 출발했어. 그리고 두 시간 뒤에 영심이는 대전에, 선애는 대구에 도착했지. 그럼 어느 쪽이 더 빠른 걸까?"

"선애가 더 멀리 간 걸 보면 KTX가 더 빠를 것 같은데요?"

"맞아! 마찬가지로 러닝머신에서 운동할 때 옆에 있는 사람과 누가 더 빠른지 비교하려면, 같은 시간 동안 달린 뒤 러닝머신에 표시된 이동 거리를 비교하면 돼. 이 역시 이동 거리가 더 긴 사람이 더 빠른 거지."

같은 시간 동안 이동했어!

"오호, 그러면 되겠군요!"

핵심정리

물체가 이동하는 데 걸린 시간이 같을 때에는 이동한 거리가 길수록 물체가 빠른 거야.

이동 거리와 걸린 시간이 모두 다르면?

"그런데 일상에서는 이동한 거리나 이동하는 데 걸린 시간이 같은 경우가 많지 않아. 오히려 둘 다 다른 경우가 더 많지. 우리가 수업을 마치고 집에 돌아갈 때만 하더라도 학교부터 집까지 이동하는 거리가 모두 다르지? 집까지 가는 데 걸린 시간도 모두 다르고 말이야."

"그러네요. 이럴 땐 빠르기를 어떻게 비교하죠?"

"이동하는 데 걸린 시간이 같을 때에는 물체가 이동한 거리로 빠르기를 비교할 수 있다고 했지? 이럴 땐 같은 시간 동안 이동한 거리를 구하여 빠르기를 비교할 수 있어."

"같은 시간이라면…… 얼마요?"

"과학에서는 주로 1초, 1분, 1시간 등을 사용해. 1초,

1분, 1시간처럼 기준이 되는 시간을 '단위 시간'이라고 하지. 물체가 단위 시간 동안 이동한 거리를 '속력'이라고 해."

"속력이라는 말은 많이 들어 봤어요."

"그럴 거야. 이동하는 데 걸린 시간과 이동 거리가 모두 다를 때에는 속력을 구해 빠르기를 비교하면 된단다!"

"그럼 속력이 클수록 빠른 거예요?"

"그렇지!"

"근데 속력을 어떻게 구해요?"

"속력을 구하려면 물체가 이동한 거리를 걸린 시간으로 나누면 돼."

용선생이 아이들을 둘러본 뒤 말을 이었다.

"예를 들어 2시간 동안 180km를 이동하는 기차의 속력은 180을 2로 나누어 90이 되지."

"오호, 간단하네요!"

"한 가지 더! 거리나 시간에 단위가 있는 것처럼 속력에도 단위가 있어. 그래서 속력을 나타낼 때에는 단위를 함께 나타내야 해. 2시간 동안 180 km를 이동하는 기차의 속력은 90 km/h라고 쓰고, '구십 킬로미터 퍼 아워' 또는 '시속 구십 킬로미터'라고 읽어. 1시간 동안 90 km를 이동한다는 뜻이야."

> 용선생의 과학 현미경
> '퍼(/)'는 나누기를 뜻하고, 아워(h)는 시간을 나타내는 영어 hour의 맨 앞글자를 딴 거야.

> 나선애의 과학 사전
> 시속 1시간을 단위로 사용할 때의 속력을 말해.

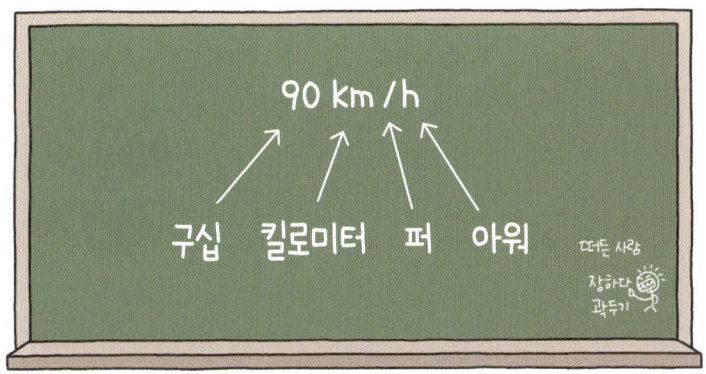

"시속 몇 킬로미터라는 말은 뉴스에서 많이 들어 봤어요. 그게 한 시간에 몇 킬로미터를 간다는 뜻이군요."

"그래. 도로에 숫자가 적힌 표지판이 세워져 있는 것을 본 적이 있지? 그 표지판은 차의 속력이 시속 몇 km를 넘으면 안 되는지 나타낸 거란다."

▲ km/h로 제한 속력을 나타낸 표지판 20 km/h를 넘으면 안 된다는 뜻이야.

"오호, 길에서 많이 봤어요!"

"하하, 그렇지? 그럼 이번에는 너희의 달리기 속력을 구해 볼까? 영심이는 50 m 달리기 기록이 얼마지?"

"10초요!"

허영심의 말이 끝나자마자 왕수재가 손을 번쩍 들었다.

"제가 해 볼게요. 50 m를 10초로 나누면, 속력은 5예요! 그런데…… 단위가 뭐죠?"

"이때는 속력을 5 m/s라고 나타내고, '오 미터 퍼 세컨드' 또는 '초속 오 미터'라고 읽어. 1초에 5 m를 이동한다는 뜻이지."

용선생의 과학 현미경
세컨드(s)는 초를 나타내는 영어 second의 맨 앞 글자를 딴 거야.

나선애의 과학 사전
초속 1초를 단위로 사용할 때의 속력을 말해.

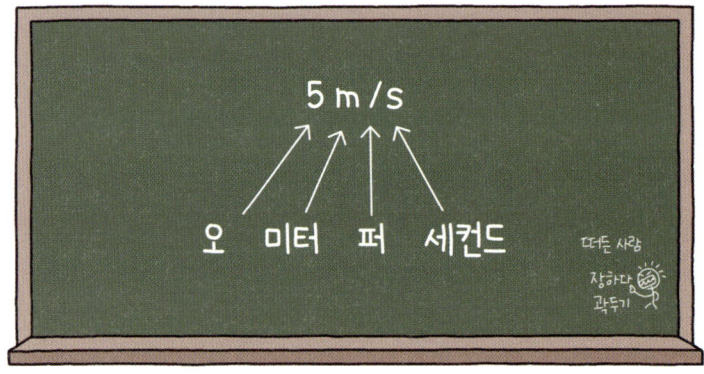

"근데 언제 m/s를 쓰고, 언제 km/h를 쓰는 거예요?"

"때에 따라 가장 이해하기 편한 단위를 쓴다고 생각하면 돼. 예를 들어 자동차가 달릴 때 몇 초 동안 달리는 경우

용선생의 과학 현미경
속력의 단위로 cm/s, m/min 등을 사용할 수도 있어. 여기서 min은 분(minute)을 뜻해.

는 거의 없어. 그래서 자동차의 속력은 1초 동안 이동한 거리보다는 1시간 동안 이동한 거리를 사용하여 나타내는 것이 더 편리하지."

"오호, 그러네요."

"또, 자동차가 이동하는 거리는 몇 m보다는 몇 km인 경우가 더 많아. 그래서 자동차의 속력을 보통 km/h로 나타내지."

"치타는 속력이 얼마 정도예요?"

"치타의 속력은 약 120 km/h야. 사자의 속력은 80 km/h이고. 자동차의 속력이 고속도로에서 100 km/h 정도 되니까 치타가 얼마나 빠른지 알 수 있지."

▲ km/h로 속력이 표시된 자동차 계기판

"와, 치타가 빠르긴 빠르네요!"

용선생이 "맞아." 하며 고개를 끄덕였다. 그러자 장하다가 급히 가방을 싸며 말했다.

"속력이 뭔지 알았으니 지금 당장 운동장에 가서 달리기 할 때 속력이 얼마인지 직접 확인해 봐요!"

이에 질세라 왕수재가 손을 들고 말했다.

용선생의 과학 현미경

속력과 속도는 같은 걸까, 다른 걸까?

자동차가 법으로 정해진 속력보다 빠르게 달리면 '속도위반'이라는 말을 하지? 그렇다면 속도와 속력은 같은 걸까, 다른 걸까?
일상에서는 속도와 속력을 같은 뜻으로 많이 사용하지만, 과학에서 사용하는 속도와 속력은 뜻이 약간 달라. 속력은 물체가 얼마나 빠르게 이동하느냐를 뜻하지만, 속도는 물체가 어느 방향으로 얼마나 빠르게 이동하느냐를 말하거든. 그러니까 속도는 속력과 운동 방향, 둘 다를 나타내는 거지.

예를 들어, 동쪽으로 한 시간 동안 80km를 달리는 자동차와 서쪽으로 한 시간 동안 80km를 달리는 자동차가 있다고 하자. 두 자동차의 속력은 80km/h로 같지만, 운동 방향이 다르기 때문에 속도는 달라.

"걸린 시간을 재려면 시계가 필요하겠죠? 초시계는 제가 챙길게요!"

"다들 의욕이 불타는구나? 좋아! 그럼 모두 밖으로 나가자!"

"우아. 신난다!"

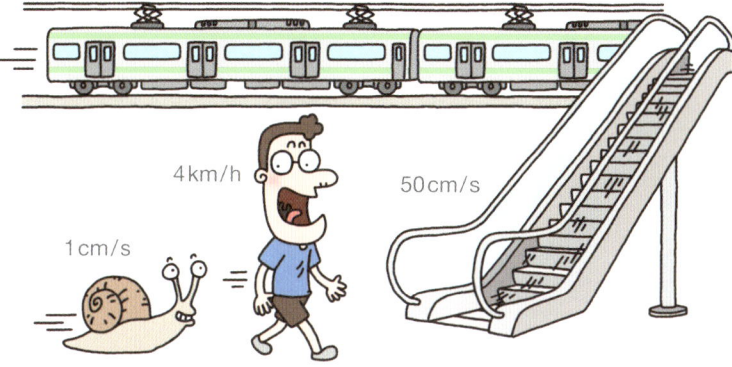

▲ 여러 물체의 속력

 핵심정리

속력은 물체가 단위 시간 동안 이동한 거리이고, 이동한 거리를 걸린 시간으로 나누어 구해. 속력의 단위로 m/s, km/h 등을 사용해.

나선애의 정리노트

1. 빠르기의 비교
① 이동한 거리가 같을 때에는 걸린 ⓐ [ ] 이 짧을수록 빠름.
② 걸린 시간이 같을 때에는 이동한 ⓑ [ ] 가 길수록 빠름.

2. 속력
① 물체가 단위 시간 동안 이동한 거리
② 속력 = ⓒ [ ] ÷ ⓓ [ ]
③ 단위: m/s(미터 퍼 세컨드), km/h(킬로미터 퍼 아워)
④ 이동한 거리와 걸린 시간이 모두 다를 때에는 속력을 구하여 빠르기를 비교함.
⑤ 속력이 클수록 빠름.

800km/h
70km/h
4km/h
50cm/s
1cm/s

ⓐ 시간 ⓑ 거리 ⓒ 이동 거리 ⓓ 걸린 시간

과학퀴즈 달인을 찾아라!

●정답은 123쪽에

01

친구들이 이번 시간에 배운 내용에 대해 이야기하고 있어. 옳으면 O, 옳지 않으면 X를 표시해 줘.

① 이동한 거리가 같을 때에는 걸린 시간이 길수록 속력이 커. (   )

② 걸린 시간이 같을 때에는 이동한 거리가 길수록 속력이 커. (   )

③ 속력의 단위로 m, km 등을 사용해. (   )

02

허영심과 장하다가 누가 더 걸음이 빠른지 내기를 걸었어. 허영심과 장하다가 이동한 거리는 다르지만, 도착하는 데 걸린 시간은 같다고 해. 누가 더 빠른지 알아맞혀 봐.

힌트 가로와 세로 한 칸의 길이는 모두 같고, 지나간 길은 빨간색으로 표시했어.

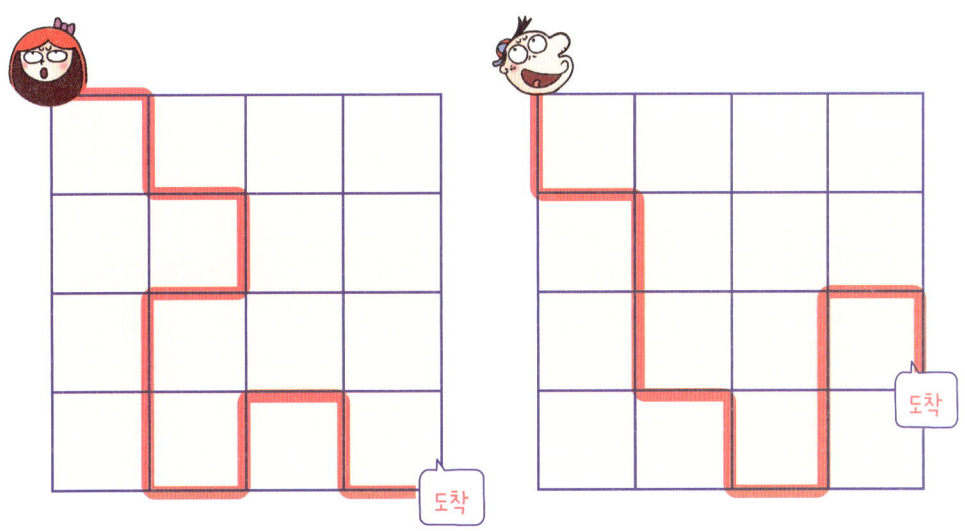

👍 알았다! (   )가(이) 더 빨라!

https://cafe.naver.com/yongyong

용선생의 과학 카페

과학계의 핵인싸,
용선생의 과학 카페에
오신 걸 환영합니다.

Log in

MENU

물리면 아프다
화학이 화하하
생물 오징어
지구는 둥글다

구간 단속 카메라의 원리는?

고속도로에서 자동차가 너무 빨리 달리면 사고가 날 수 있어. 그래서 차가 너무 빨리 달리지 않도록 하기 위해 고속도로 곳곳에는 자동차의 속력을 재는 장치가 설치되어 있지. 자동차의 속력이 법으로 정해진 속력보다 크면 벌금을 물려 자동차가 과속하는 것을 막는 거야. 자동차의 속력을 재는 방법에는 두 가지가 있어.

하나는, 자동차가 달릴 때 어느 한 순간의 속력을 재는 거야. 이때 사용하는 장치가 '스피드 건'이야. 스피드 건은 야구에서 투수가 던진 공의 속력을 잴 때 이용하기도 하지.

▲ 스피드 건

그런데 이렇게 어느 한 순간의 속력을 재면 자동차가 단속 지점에서만 속력을 줄였다가 그 지점을 지나자마자 다시 과속하는 경우가 많아. 이걸 막기 위해 나온 게 '구간 과속 단속'이야. '구간'은 어떤 지점과 다른 지점과의 사이를 말해. 구간 과속 단속이란 어느 한 순간의 속력 대신 위험 구간이 시작되는 지점부터 끝나는 지점까지 구간을 정해서 자동차가 그 구간을 통과하는 동안의 속력으로 과속인지 아닌지 판단하는 거야.

자동차가 구간을 통과하는 동안의 속력은 어떻게 잴까? 방법은 아주 간단해. 단속 구간이 시작되는 곳과 끝나는 곳 양쪽에 카메라를 설치하는 거지. 이걸 '구간 단속 카메라'라고 해. 자동차가 이 두 지점을 통과하는 순간을 카메라로 찍으면 자동차가 단속 구간을 통과하는 데 시간이 얼마나 걸리는지 알 수 있어. 단속 구간 거리를 걸린 시간으로 나누면 자동차의 속력을 알 수 있지.

▲ 구간 단속 카메라.

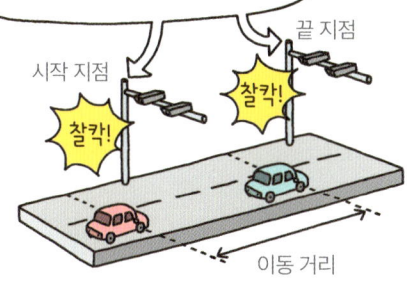
▲ 구간 단속 카메라로 속력을 구하는 원리

카메라로 두 지점 사이를 통과하는 데 걸린 시간을 알아내.

속력(= 이동 거리÷걸린 시간)을 구해 과속인지 아닌지 알아내.

COMMENTS

- 스피드 '건'이면 총 아니야?
- 그 안에 총알이 있어?
- 그게 진짜 총이겠냐? 그냥 총처럼 생긴 거겠지.
- 스피드 건은 속력을 재는 장치일 뿐! 총알은 없다고.

> 3교시 | 관성

안전띠를 꼭 매야 하는 까닭은?

안전띠 표시등이 켜졌네!

비행기 안에서 표시등이 꺼져도 안전띠를 매고 있어야 해!

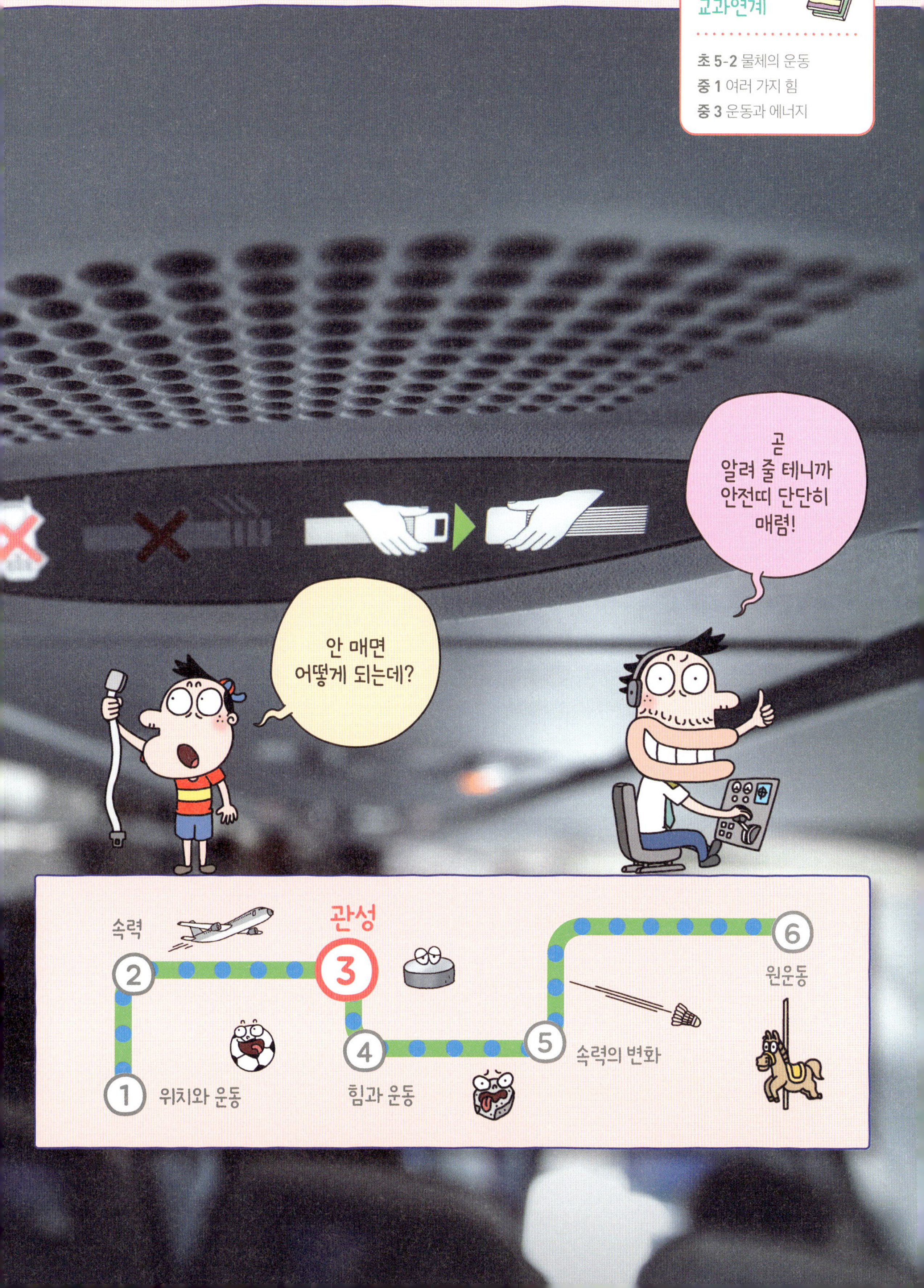

"너희 어제 뉴스 봤어?"

장하다가 허겁지겁 과학실로 뛰어들어 오며 말했다.

"무슨 뉴스?"

"캐나다에서 미국으로 가던 비행기가 갑자기 아래로 떨어지는 바람에 승객 몇 십 명이 다쳤대!"

"헉! 그렇게 많이?"

아이들이 웅성거렸다.

"몸이 비행기 천장까지 솟구쳐 올랐대!"

"세상에!"

놀란 표정을 한 허영심에게 장하다가 물었다.

"이상하다? 비행기는 아래로 떨어졌는데, 사람은 왜 위로 올라간 걸까?"

천장에 몸을 부딪힌 까닭은?

"비행기 사고에 대해 이야기하고 있었구나!"

용선생이 과학실로 들어서며 말했다.

"네. 선생님도 뉴스 보셨어요?"

"응. 안전띠를 매지 않은 사람들이 많이 다쳤다지? 그래서 비행기 안에서는 안전띠 표시등이 꺼져 있어도 안전띠를 항상 매고 있어야 해."

용선생의 말에 장하다가 손을 번쩍 들었다.

"이해가 안 되는 게 있어요. 비행기가 아래로 내려가면 사람도 같이 아래로 내려가야 하는 거 아니에요?"

"저도 그게 궁금해요. 안전띠를 안 맸다고 왜 천장에 부딪히는지요."

곽두기도 고개를 끄덕이며 덧붙였다.

"그건 모든 물체에 '관성'이라는 성질이 있기 때문이야."

"관성이요? 그게 뭔데요?"

"관성이 뭔지 두 가지 경우로 나눠서 설명해 볼게."

용선생이 교탁을 가리키며 말했다.

"보다시피 교탁은 힘을 줘서 밀거나 당기지 않으면 계속 정지해 있어."

용선생의 과학 현미경

물체에 여러 힘이 동시에 작용할 수도 있어. 물체에 작용하는 모든 힘들을 합한 힘을 '알짜힘'이라고 하는데, 지금부터 말하는 힘은 알짜힘을 뜻해.

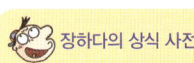 **장하다의 상식 사전**

퍽 아이스하키에서 쓰는 공이야. 작은 원반 모양이지. 고무로 만들어.

"그야 당연하죠! 건드리지도 않았는데 움직일 리가 없잖아요."

"맞아. 이렇듯 물체에 힘을 주지 않을 때 정지해 있는 물체는 계속 정지해 있으려는 성질이 있어."

아이들이 고개를 끄덕이자 용선생이 서랍에서 검은색 원반 모양의 고무를 꺼냈다.

"그게 뭐예요?"

"아이스하키 퍽이야. 이번에는 아주 넓고 매끄러운 얼음판 위에서 스틱으로 이 퍽을 쳐서 미끄러지게 한다고 생각해 보자. 퍽이 얼마나 멀리 갈까?"

"얼음판 위에서는 엄청 멀리 가겠죠!"

"맞아. 그럴 거야. 만일 얼음판보다도 훨씬 더 매끄러운 바닥이 있어서, 그곳에서 퍽을 치면 어떨까?"

"얼음판 위에서 쳤을 때보다 훨씬 더 멀리까지 가겠죠!"

"그래. 이런 식으로 바닥이 매끄러울수록 퍽은 더 멀리 운동해. 만일 완벽하게 매끄러운 바닥에서 퍽을 치면, 더 이상 퍽에 힘을 주지 않아도 퍽은 멈추지 않고 계속 같은 방향으로 운동할 거야."

"오호, 엄청 매끄러운 바닥이라면 정말 멈추지 않겠네요."

퍽이 안 멈춰!

아이들이 고개를 끄덕였다.

"이렇듯 물체에 힘이 작용하지 않으면 정지해 있는 물체는 계속 정지해 있으려 하고, 운동하고 있는 물체는 계속 운동하려는 성질이 있어. 같은 속력, 같은 방향으로 말이지. 물체가 갖는 이런 성질을 관성이라고 해."

"듣고 보니 관성은 변하지 않고 그대로 있으려는 성질 같아요."

"맞아요! 장하다가 지각하는 습관이 변하지 않는 것처럼요!"

"하하, 모두 관성을 잘 이해했구나! 그래서 관성을 두고 물체가 처음의 '운동 상태'를 계속 유지하려는 성질이라고도 하지. 운동 상태란 물체의 속력이나 운동 방향을 뜻해."

아이들이 고개를 끄덕이자 용선생이 물었다.

"관성을 확인할 수 있는 간단한 실험을 하나 해 볼까?"

"네! 좋아요!"

용선생이 교탁 위에 매끄러운 식탁보를 깔고 그 위에 컵을 놓았다.

"내가 이 식탁보를 순간적으로 재빨리 빼낼 거야. 그러면 컵은 어떻게 될까?"

"식탁보와 함께 끌려올 거 같아요."

용선생의 과학 현미경

어떤 물체에 힘을 주어 물체가 힘을 받는 것을 물체에 힘이 작용한다고 말해.

매일 지각하는 건 아니라고!

용선생이 "과연 그럴까?" 하며 식탁보를 재빨리 빼냈다.

▲ **식탁보와 컵을 이용한 관성 실험** 식탁보가 매끄러울수록, 식탁보를 재빨리 잡아당길수록 잘돼.

"와! 컵이 교탁 위에 그대로 있어요!"

"컵의 관성 때문이야. 식탁보를 빼내기 전에 정지해 있던 컵은 계속 정지해 있으려는 성질이 있어. 그래서 식탁보를 빼내도 컵은 원래 자리에 그대로 있지."

"관성을 이렇게 눈으로 확인할 수 있다니!"

이때 곽두기가 손을 번쩍 들고 물었다.

"승객들이 비행기 천장에 부딪힌 건요? 그것도 관성 때문이라고 하셨잖아요."

"맞아. 아까 모든 물체에 관성이 있다고 했지? 사람에게도 마찬가지로 관성이 있어. 그래서 비행기가 갑자기 아래로 내려갈 때 사람은 계속 제자리에 있으려고 해. 그러다 보니 천장에 몸을 부딪힌 거야."

"그럼 안전띠를 매면 안 부딪혀요?"

"안전띠를 매면 의자에 몸이 고정돼서 비행기와 함께 내려가니까 천장에 부딪히지 않아."

"오호, 그래서 안전띠를 꼭 매야 하는 거군요!"

핵심정리

물체에 힘이 작용하지 않을 때 물체가 처음의 운동 상태를 계속 유지하려는 성질을 관성이라고 해.

관성 법칙!

> 나선애의 과학 사전
>
> **마찰력** 문지를 마(摩) 문지를 찰(擦) 힘 력(力). 두 물체가 서로 닿아 비벼지는 것을 마찰이라고 해. 마찰력은 물체가 서로 맞닿아 있을 때 작용하는 힘이야.

이때 나선애가 갑자기 손을 번쩍 들고 물었다.

"근데 운동장에서 퍽을 치면 퍽이 계속 가지 않고 조금 가다 멈추잖아요. 그때에는 관성이 없는 건가요?"

"그건 아니야. 운동장에서 퍽이 미끄러질 때에는 바닥과 퍽 사이에 퍽의 운동을 방해하는 힘이 작용하거든. 그래서 퍽이 멈추는 거야. 이런 힘을 마찰력이라고 해."

"운동을 방해한다고요?"

"그래. 예를 들어 두기가 앞으로 나가려고 하는데 수재가 뒤에서 잡아당기면 두기는 앞으로 나가기 힘들겠지? 마찰력은 이렇게 물체가 운동하는 걸 방해하는 힘이지."

"그럼 얼음판에서 퍽이 미끄러질 때는요? 그때는 마찰력이 작용하지 않아요?"

"마찰력이 작용하긴 하지만 그 크기가 아주 작아. 마찰력은 맞닿는 표면이 거칠수록 크거든. 운동장 바닥에는 돌도 있고 모래도 있어서 바닥이 울퉁불퉁하지만, 얼음판은 아주 매끄럽잖아. 그래서 운동장에서는 마찰력이 크고, 얼음판에서는 마찰력이 작지."

▲ 마찰력은 운동을 방해해!

"오호, 그래서 운동장에서는 퍽이 조금 가다가 멈추고 얼음판에서는 아주 멀리까지 갈 수 있는 거군요!"

"저는 계속 힘을 주지 않아서 퍽이 멈춘다고 생각했는데, 그게 아니라 퍽과 바닥 사이에 마찰력이 작용해서 퍽이 멈추는 거였네요?"

나선애의 말에 용선생이 고개를 세차게 끄덕였다.

"아주 오래전에는 사람들이 다 선애처럼 생각했어. 대표적으로 아리스토텔레스는 운동하던 물체가 계속 운동하게 하려면 물체에 계속 힘을 줘야 한다고 했지. 그런데 이탈리아의 과학자 갈릴레이가 다르게 주장했어."

"어떻게요?"

"물체가 처음의 운동 상태를 계속 유지하려는 건 물체의 기본 성질이라서 아무런 힘을 주지 않아도 운동하던 물체는 계속 운동한다고 했어. 갈릴레이는 오히려 운동하던 물체를 멈추게 하려면 힘을 줘야 한다고 했지."

"아리스토텔레스랑 정반대의 주장을 했네요?"

"맞아. 나중에 영국의 과학자 뉴턴은 갈릴레이의 생각을 정리하여 법칙으로 만들었어."

"무슨 법칙이요?"

"물체에 힘이 작용하지 않을 때 정지해 있는 물체는 계

▲ **아리스토텔레스**
(기원전 384년~기원전 322년) 고대 그리스의 철학자야. 물체의 운동과 우주에 대해 연구했어.

▲ **갈릴레오 갈릴레이**
(1564년~1642년) 이탈리아의 과학자야. 관성이라는 개념을 처음으로 생각해 냈어.

▲ **아이작 뉴턴**
(1642년~1727년) 영국의 과학자야. 물체의 운동에 관한 세 가지 법칙을 발견했어.

속 정지해 있고, 운동하고 있는 물체는 계속 같은 방향, 같은 속력으로 운동한다는 법칙이지. 이 법칙을 '뉴턴 제1법칙'이라고 해."

"그건 아까 설명하신 관성 때문이잖아요?"

"맞아! 뉴턴 제1법칙을 '관성 법칙'이라고도 한단다."

아이들이 고개를 끄덕이자 용선생이 말을 이었다.

"여기서 똑똑한 말을 하나 배워 볼까? 물체에 힘이 작용하지 않으면 운동하고 있는 물체는 계속 같은 속력, 같은 방향으로 운동한다고 했지? 이런 운동을 가리켜 '등속 직선 운동'이라고 해. 등속은 속력이 일정하다는 뜻이고, 직선은 구부러지지 않고 곧은 선이라는 뜻이야."

"속력이 변하지 않으니까 등속! 방향이 변하지 않으니까 직선 운동이라고 하는군요!"

"그렇지. 자연에서 물체가 등속 직선 운동을 하는 경우는 그렇게 많지 않아. 물체에 힘이 작용하지 않는 경우가 드물기 때문이지. 하지만 사람이 만든 물건 중에는 등속 직선 운동을 하는 경우가 종종 있어. 어떤 게 있을까?"

아무도 선뜻 답을 하지 않자 용선생이 말을 이었다.

"바로 에스컬레이터야! 에스컬레이터는 일정한 속력으로 움직이고 방향도 변하지 않아."

등속 직선 운동을 하는 물체는?

고개를 끄덕이던 왕수재가 외쳤다.

"지하철역에 있는 무빙워크요! 그것도 일정한 속력으로 움직이잖아요."

"맞아. 그뿐만 아니라 공항에서 짐 찾는 곳에 있는 컨베이어벨트나 스키장 리프트도 마찬가지로 등속 직선 운동을 한단다."

에스컬레이터

무빙워크

컨베이어벨트

스키장 리프트

▲ 등속 직선 운동을 하는 예

핵심정리

물체에 힘이 작용하지 않으면 정지해 있는 물체는 계속 정지해 있고 운동하고 있는 물체는 계속 등속 직선 운동을 해. 이것이 관성 법칙 또는 뉴턴 제1법칙이야.

 ## 관성 때문에 이런 일이?

용 선생이 아이들을 둘러본 뒤 말을 이었다.

"우리 주위에는 관성 때문에 나타나는 현상이 아주 많아. 어떤 것들이 있을까?"

용 선생의 말에 아이들이 잠시 생각에 잠겼다.

"힌트를 하나 줄게. 버스나 자동차를 탔을 때 차가 갑자기 출발하면 어떻게 되지?"

"잘못하면 뒤로 넘어져요."

"그래. 그것도 관성 때문이야. 버스가 갑자기 출발하면 발은 버스 바닥에 닿아 있어 버스와 함께 앞으로 움직이는데, 사람 몸은 관성 때문에 계속 정지해 있으려 하니까 몸이 뒤쪽으로 쏠리는 거야."

▲ 버스가 갑자기 출발할 때 몸이 뒤로 쏠려.

"그럼 반대로 버스가 달리다가 갑자기 멈추면 몸이 앞으로 쏠리는 것도 관성 때문인가요?"

"그렇지! 버스가 멈춰도 사람 몸은 계속 앞으로 운동하려 하니까 앞쪽으로 쏠리게 되지."

"오호, 버스에서 손잡이를 꼭 잡으라고

▲ 버스가 갑자기 멈출 때 몸이 앞으로 쏠려.

하는 까닭을 이제 확실히 알겠어요!"

장하다의 말에 용선생이 엄지를 치켜세웠다.

"버스가 빠른 속력으로 갑자기 커브를 돌 때 몸이 한쪽으로 쏠린 적이 있지?"

"네, 있어요!"

"그것도 관성 때문이야. 버스는 커브를 그리며 방향을 바꾸지만, 사람 몸은 계속 같은 방향으로 운동하려 하니까 운동하던 방향으로 쏠리게 되는 거지."

"그동안 몰랐는데 관성 때문에 나타나는 현상이 참 많네요! 차를 타지 않고도 관성을 느낄 수 있는 경우도 있나요?"

"그럼. 며칠 전에 영심이가 뛰어가다가 보도 블록이 파인 구덩이에 발이 걸려 넘어진 적이 있지?"

"네. 엄청 아팠어요!"

허영심이 얼굴을 찌푸리며 말했다.

"영심이가 넘어진 것도 관성 때문이야. 발은 구덩이에 걸려서 멈췄는데 관성 때문에 몸은 계속 앞으로 나아가려 하다 보니 영심이가 넘어진 거지."

허영심이 고개를 끄덕이자 용선생이 말을 이었다.

▲ 버스가 빠른 속력으로 갑자기 커브를 돌 때 몸이 한쪽으로 쏠려.

용선생의 과학 현미경

관성을 직접 확인해 봐!

관성을 직접 확인해 볼 수 있는 간단한 실험들을 소개할게! 컵 위에 빳빳한 종이를 놓고 그 위에 동전을 올려놓은 뒤, 종이를 순간적으로 세게 잡아당겨. 그럼 동전은 어떻게 될까? 동전은 종이와 함께 끌려오지 않고 컵 속으로 떨어져. 동전은 관성 때문에 그 자리에 있으려 하는데, 종이가 더 이상 밑에서 받쳐 주지 않으니까 컵 속으로 떨어지는 거야.

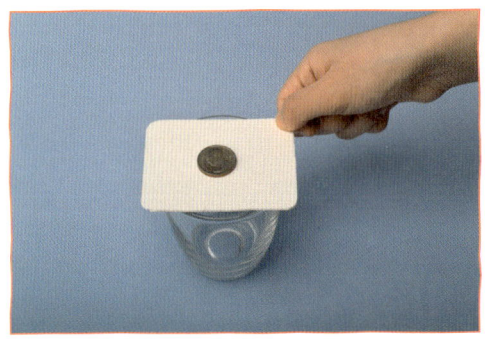 

이번에는 나무토막을 차례대로 쌓고, 가운데에 있는 나무토막을 순간적으로 세게 망치로 쳐. 그럼 망치로 친 나무토막은 튕겨 나가는데 그 위에 있던 나무토막들은 함께 튕겨 나가지 않고 그대로 아래로 내려와. 이것 또한 정지해 있으려는 나무토막의 관성 때문이지.

"50 m 달리기에서 결승점에 도달했을 때 곧바로 멈추지 못하고 앞으로 좀 더 달리는 경우가 있지?"

"오호, 그것도 계속 운동하려는 관성 때문이군요!"

"그렇지! 이제 관성에 대해서 모두 확실히 알았구나."

용선생이 흐뭇한 미소를 지었다.

▲ **화장지의 관성** 화장지를 순간적으로 세게 잡아당기면 화장지가 정지해 있으려는 관성 때문에 약한 점선 부분이 끊어져.

▲ **후춧가루의 관성** 후추통을 아래로 흔들다 갑자기 멈추면 후춧가루가 운동하려는 관성 때문에 흔들지 않을 때보다 후춧가루가 더 잘 나와.

핵심정리

차가 갑자기 출발하면 차 안의 사람이 뒤쪽으로 쏠리고, 달리던 차가 갑자기 멈추면 사람이 앞쪽으로 쏠리는 것은 모두 관성 때문이야.

나선애의 정리노트

1. 관성
① 물체에 힘이 작용하지 않을 때 정지해 있는 물체는 계속 정지해 있으려 하고, 운동하고 있는 물체는 계속 같은 ⓐ _____, 같은 방향으로 운동하려는 성질

② 관성 때문에 나타나는 현상
- 차가 갑자기 출발하면 차 안의 사람이 ⓑ _____ 쪽으로 쏠림.
- 차가 갑자기 멈추면 차 안의 사람이 ⓒ _____ 쪽으로 쏠림.

2. 관성 법칙
- 물체에 힘이 작용하지 않으면 정지해 있는 물체는 계속 정지해 있고, 운동하고 있는 물체는 계속 같은 방향, 같은 속력으로 운동하게 됨.

3. ⓓ _____ 운동
① 속력과 방향이 일정한 운동
② 등속 직선 운동을 하는 물체: 에스컬레이터, 무빙워크, 컨베이어벨트, 스키장 리프트 등

ⓐ 속력 ⓑ 뒤 ⓒ 앞 ⓓ 등속 직선

과학퀴즈 달인을 찾아라!

●정답은 123쪽에

01

친구들이 이번 시간에 배운 내용에 대해 이야기하고 있어. 옳으면 O, 옳지 않으면 X를 표시해 줘.

① 관성은 물체가 처음의 운동 상태를 계속 바꾸려는 성질이야. (　　)
② 버스가 갑자기 멈추면 관성 때문에 사람이 앞으로 넘어져. (　　)
③ 버스가 갑자기 출발하면 관성 때문에 사람이 뒤로 넘어져. (　　)

02

다음 보기 의 문장 속 괄호에 들어갈 말을 순서대로 이으면 어떤 모양이 나온대. 무슨 모양인지 그려 봐.

> 보기
> 물체에 (　　)이 작용하지 않으면 (　　) 때문에 정지해 있는 물체는 계속 정지해 있고, 운동하고 있는 물체는 계속 (　　) 운동을 하는데, 이를 (　　)이라고 해.

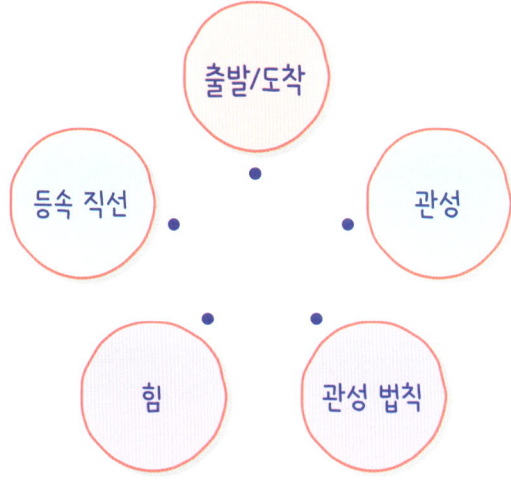

https://cafe.naver.com/yongyong

용선생의 과학 카페

과학계의 핵인싸,
용선생의 과학 카페에
오신 걸 환영합니다.

Log in

MENU
물리면 아프다
화학이 화하하
생물 오징어
지구는 둥글다

갈릴레이는 어떻게 관성을 알아냈을까?

갈릴레이는 관성이라는 용어를 사용하지는 않았어. 하지만 운동하던 물체가 계속 운동하려는 건 모든 물체가 지닌 기본 성질임을 최초로 생각해 냈어. 갈릴레이는 이걸 어떻게 생각해 냈을까? 갈릴레이의 생각을 따라가 보자.

갈릴레이는 마찰이 거의 없는 매끄러운 골짜기 모양의 빗면 한쪽 끝에서 공을 잡고 있다 놓으면, 공이 맞은편 빗면으로 굴러가서 처음 공을 놓은 곳과 거의 같은 높이까지 올라간다는 사실을 발견했어. 만약 빗면에 마찰이 전혀 없다면 공은 정확히 처음 높이까지 올라가리라 생각했지.

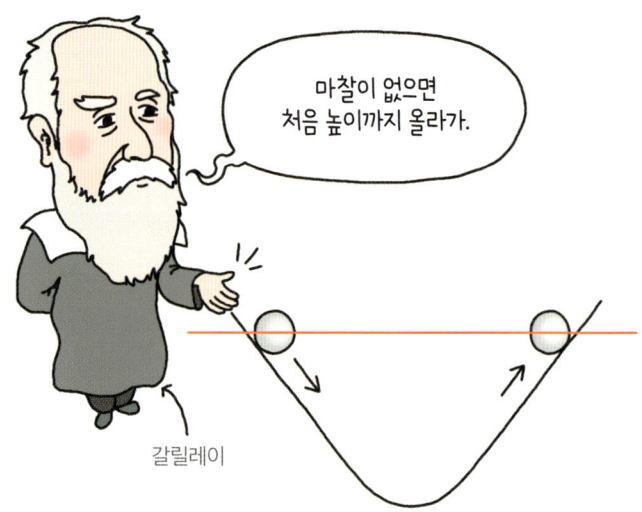

갈릴레이

이때 맞은편 빗면을 점점 완만하게 만든다고 생각해 봐. 맞은편 빗면이 완만해져도 마찰이 없으면 공은 처음 높이까지 올라갈 거야. 그런데 빗면이 완만해질수록 공은 처음 높이에 도달할 때까지 더 먼

거리를 운동해야 해. 만약 맞은편 빗면이 점점 완만해지다 완전히 수평해지면 공이 아무리 멀리 가도 처음 높이까지 올라갈 수 없겠지? 따라서 마찰이 없는 수평면에서 운동하는 공은 멈추지 않고 계속 운동하게 될 거야.

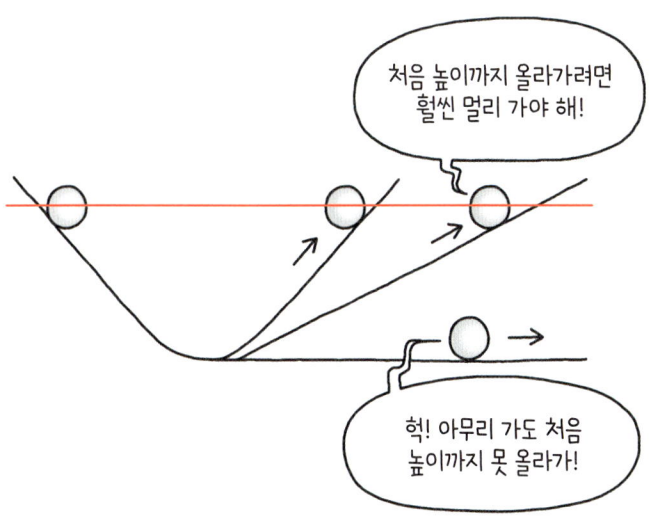

이런 생각을 통해 갈릴레이는 물체에 힘이 작용하지 않으면 물체의 운동 상태가 변하지 않는다는 걸 알아냈어. 물론 갈릴레이는 공이 계속 운동하는 모습을 직접 보지는 못했어. 머릿속 생각으로 실험한 것이지. 이런 걸 '사고 실험'이라고 해. 이렇듯 과학에서는 실제로 하는 실험뿐만 아니라 사고 실험으로 원리를 밝혀내는 경우도 있어. 그래서 과학에서는 사고 실험도 아주 중요해!

- 장하다의 오답을 피하는 방법
- 나선애의 야무진 실험실
- 왕수재의 아는 척 과학교실
- 허영심의 별 헤는 밤
- 곽두기의 빅뱅 따라잡기

COMMENTS

- 지금부터 나 방해하지 마! 사고 실험할 거니까.
  - 나도 할래!
  - 둘 다 눈 감고 낮잠 자려는 건 아니고?

4교시 | 힘과 운동

쇼트 트랙에서 다음 선수를 미는 까닭은?

와! 쇼트 트랙이다!

난 계주가 제일 재밌어!

"너희 어제 쇼트 트랙 경기 봤어?"

나선애가 과학실 문을 열어젖히고 들어오며 큰소리로 외쳤다.

"물론이지! 얼마나 재밌었는데!"

"난 계주에서 주자를 바꿀 때가 제일 긴장되더라!"

장하다와 허영심이 앞다퉈 말했다.

"맞아. 조금 앞서다가도 주자를 바꾸면서 뒤처지기도 하잖아."

나선애의 말을 듣고 곽두기가 물었다.

"누나, 텔레비전에서 보면 주자를 바꿀 때 뒤에 있는 선수가 앞에 있는 선수를 밀어 주던데, 왜 그러는 거야?"

나선애가 머뭇거리는 사이 용선생이 과학실 문을 열고 들어섰다.

왜 주자를 뒤에서 밀까?

"선생님, 쇼트 트랙 계주에서 주자를 바꿀 때 왜 출발하는 선수를 뒤에서 밀어 줘요?"

곽두기가 기다렸다는 듯이 용선생에게 물었다.

"오호, 어제 있었던 쇼트 트랙 경기를 본 모양이구나!"

"네!"

"우리가 지난번에 배운 것을 잘 생각해 보면 왜 주자를 뒤에서 밀어 주는지 짐작할 수 있을 거야."

"지난번에 배운 거라면…… 관성이요?"

"맞아! 물체에 힘이 작용하지 않으면 정지해 있는 물체는 계속 정지해 있고 운동하고 있는 물체는 계속 ……."

용선생이 말을 멈추자 나선애가 재빨리 대답했다.

"운동해요!"

"그렇지! 같은 속력, 같은 방향으로 말이야. 이번에는 물체에 힘을 주는 경우를 생각해 보자. 물체에 힘이 작용하면 물체의 속력이나 운동 방향이 변해. 먼저 물체가 정지해 있는 경우부터 예를 들어 볼게."

용선생이 교탁 위의 책을 가리키며 말을 이었다.

"책을 밀면 책이 어떻게 될까?"

물체에 힘이 작용하면?

"당연히 움직이죠!"

"맞아! 책은 힘을 준 방향으로 움직여. 이렇듯 정지해 있는 물체에 힘을 주면 물체는 힘이 작용하는 방향으로 운동해."

"에이, 그야 당연하죠! 걷다가 돌멩이를 발로 차면 발로 찬 방향으로 돌멩이가 날아가잖아요."

"맞아! 과학 원리 중에는 알고 보면 우리가 이미 경험으로 알고 있는 것이 많아. 이번엔 운동하고 있는 물체에 운동 방향과 같은 방향으로 힘을 주는 경우를 생각해 보자. 자전거를 타고 달릴 때 누군가 뒤에서 달리는 방향으로 살짝 밀어 준다면 어떻게 될까?"

"그럼 더 빨리 달릴 수 있죠!"

"그래. 하지만 달리는 방향은 그대로야. 운동하는 방향과 같은 방향으로 물체에 힘을 주면 물체의 운동 방향은 변하지 않고 속력만 커지거든."

아이들이 고개를 끄덕이는데 곽두기가 외쳤다.

"아하, 쇼트 트랙에서 왜 주자를 뒤에서 밀어 주는지 알겠어요! 운동하는 방향과 같은 방향으로 힘을 줘서 주자가 더 빨리 달리게 하려는 거군요?"

▲ 다음 주자를 뒤에서 밀어 주는 쇼트 트랙 선수

"그렇지! 비슷한 예를 하나 더 들어 볼까? 봅슬레이 경기에서 선수들이 어떻게 출발하는지 본 적 있니?"

 허영심이 제일 먼저 손을 들었다.

 "며칠 전에 텔레비전에서 봤는데 선수들이 썰매를 밀면서 출발하던데요."

▲ 출발할 때 썰매를 미는 봅슬레이 선수

 "맞아. 봅슬레이 경기에서는 출발 속력이 아주 중요해. 출발이 빠를수록 빨리 도착할 수 있거든. 그래서 출발 속력이 커지도록 선수들이 썰매가 운동하는 방향으로 썰매를 세게 밀어 주는 거야."

"오, 스포츠와 과학 사이에 이렇게 밀접한 관계가 있을 줄이야!"

"하하, 오늘 아주 중요한 걸 깨달았구나!"

핵심정리

물체가 운동하는 방향과 같은 방향으로 힘이 작용하면 물체의 속력이 커져. 이때 운동 방향은 변하지 않아.

 아래로 떨어질 때 왜 점점 빨라질까?

"스포츠가 아니더라도 우리 주변에는 운동하는 방향과 같은 방향으로 힘이 작용해서 물체의 속력이 커지는 예가 아주 많아."

용선생이 교탁 위에 놓여 있던 공을 집어 들더니 바닥에 떨어뜨렸다.

"공을 손에서 놓으면 공은 아래로 떨어지지? 공뿐만 아니라 모든 물체는 밑에서 받쳐 주지 않으면 아래로 떨어져. 물체에 아래 방향으로 힘이 작용하거든."

"어떤 힘이요?"

"지구가 물체를 당기는 힘이야. 이런 힘을 '중력'이라고 해. 중력은 항상 지구 중심, 그러니까 아래를 향해. 그래서 밑에서 받쳐 주지 않으면 모든 물체는 항상 아래로 떨어져."

"뭘 잡고 있다가 손에서 놓으면 바닥으로 떨어지는 게 당연하다고만 생각했었는데, 다 까닭이 있었네요!"

▲ 중력이 작용하는 방향

"그렇지! 중력은 물체가 떨어지는 동안 운동 방향과 같은 방향으로 계속 작용해. 그래서 물체가 떨어지는 동안 물체의 속력은 점점 커져."

용선생이 화면에 사진을 띄웠다.

"그게 뭐예요?"

"공이 떨어지는 장면을 일정한 시간 간격으로 찍은 사진이야. 이런 걸 다중 섬광 사진이라고 해. 이걸 분석하면 물체가 어떤 운동을 하는지 알아낼 수 있어. 시간이 지남에 따라 물체의 속력이 커지는지, 작아지는지, 또는 일정한지 말이야."

"어떻게요?"

▲ 공이 떨어지는 모습을 찍은 다중 섬광 사진

 용선생의 과학 현미경

물체가 시간에 따라 어떻게 움직이는지를 한 장에 담은 사진이야. 요즘은 스마트폰 앱으로도 이런 사진을 쉽게 찍을 수 있어.

"다중 섬광 사진에 찍힌 공 사이의 간격을 재는 거지. 이 거리를 재면 공이 일정한 시간 동안 이동한 거리를 알 수 있어. 일정한 시간 동안 물체가 이동한 거리가 바로 속력이니까, 공 사이의 간격이 길수록 속력이 큰 거겠지?"

"오, 공 사이의 간격만 재면 속력이 큰지 작은지 알 수 있다는 거네요?"

"그렇지! 공 사이의 간격을 한번 재 볼까?"

"시간이 지날수록 공 사이의 간격이 점점 커지네요!"

"맞아! 그렇다면 공의 속력은 점점 커지는 걸까, 작아지는 걸까?"

"커져요!"

"그렇지! 공이 떨어지는 방향과 같은 방향으로 중력이 계속 작용하기 때문에 공의 속력이 점점 커지는 거야."

"오호, 그렇군요!"

"다이빙을 할 때도 마찬가지야. 다이빙을 하는 동안 중력이 계속 작용하기 때문에 속력이 점점 커지지."

"물놀이 미끄럼틀을 탈 때 아래로 내려갈수록 점점 빨라지는데, 이것도 같은 원리예요?"

"맞아. 스키 선수가 언덕을 똑바로 내려올 때에도 속력이 점점 커지는데 이것도 같은 원리란다. 모두 운동 방향과 같은 방향으로 힘이 계속 작용해서 그래."

▲ 다이빙 선수의 운동

▲ 스키 선수의 운동

핵심정리

물체가 떨어질 때에는 물체의 운동 방향과 같은 방향으로 중력이 계속 작용해. 그래서 물체가 떨어지는 동안 속력이 점점 커져.

 ## 힘이 운동 방향과 반대로 작용하면?

"물체에 힘이 작용하면 속력이 항상 커져요?"

나선애가 손을 번쩍 들고 물었다.

"그건 아니야. 물체가 운동하는 방향과 같은 방향으로 힘이 작용해야 속력이 커지지. 운동하는 방향과 반대 방향으로 힘이 작용하면 속력이 작아져. 운동 방향은 변하지 않고 말이야."

이때 곽두기가 손을 번쩍 들었다.

"달리기할 때 누가 뒤에서 잡아당기면 앞으로 빨리 나갈 수 없어요. 이건 힘이 반대 방향으로 작용해서죠?"

"맞아! 그래서 속력이 작아지는 거지."

"저도 생각난 게 있어요!"

이번에는 나선애가 손을 들고 말했다.

"지난 시간에 운동장에서 아이스하키 퍽을 치면 마찰력 때문에 퍽이 얼마 못 가 멈춘다고 하셨잖아요."

"맞아. 마찰력은 언제나 물체가 운동하는 방향과 반대 방향으로 작용해. 퍽이 운동할 때도 마찬가지야. 퍽이 운동하는 방향과 반대 방향으로 마

▲ 운동장에서 퍽이 미끄러질 때

찰력이 계속 작용해서 퍽이 점점 느려지다 멈추는 거지."

"자전거를 탈 때 브레이크를 밟으면 자전거가 점점 느려지다가 멈추는 것도 같은 거죠?"

"그렇지! 그것도 브레이크와 바퀴 사이에 작용하는 마찰력 때문이야."

▲ 자전거 브레이크를 밟을 때

용선생이 "자, 이 사진을 볼래?" 하며 사진을 띄웠다.

"어? 다중 섬광 사진이다!"

▲ 잔디에서 골프공이 굴러갈 때

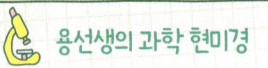

등속 직선 운동을 하는 물체의 다중 섬광 사진

속력이 일정한 물체의 운동은 다중 섬광 사진으로 어떻게 나타날까? 속력이 변하지 않으면 일정한 시간 동안 물체가 이동한 거리는 모두 같아. 그래서 다중 섬광 사진에 찍힌 물체 사이의 간격도 일정해. 이제 사진만 봐도 물체가 어떤 운동을 하는지 알 수 있겠지?

▲ 장난감 자동차가 일정한 속력으로 운동할 때

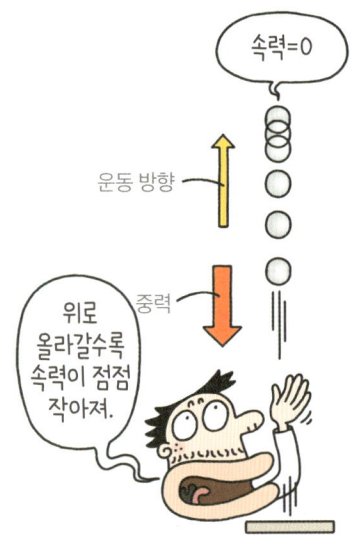

▲ 공을 위로 던질 때

"맞아! 골프공이 움직이는 모습을 찍은 다중 섬광 사진이야. 골프공 사이의 간격이 점점 어떻게 되지?"

"짧아져요!"

"오, 그럼 공이 점점 느려지는 건가요?"

"맞았어! 골프공이 점점 느려지는 것도 마찰력이 반대 방향으로 계속 작용하기 때문이지."

용선생이 말을 멈추고 공을 똑바로 위로 던졌다.

"공을 위로 던질 때도 마찬가지야. 공을 위로 던지면 공이 위로 올라가는 동안 중력이 아래로, 즉 공이 운동하는 방향과 반대 방향으로 작용해. 그래서 공의 속력이 점점 작아지다가 공이 가장 높이 올라갔을 때 속력이 0이 돼."

"속력이 0이요? 공이 허공에 떠서 멈춘다는 건가요?"

허영심이 놀란 눈으로 물었다.

"하하, 순간적으로 멈추긴 하지만, 중력이 아래 방향으로 계속 작용하니까 다시 아래로 떨어져. 떨어지는 동안 속력은 다시 커지고."

"그럼 그렇지. 괜히 깜짝 놀랐네요."

이때 나선애가 손을 번쩍 들고 말했다.

"우리도 다중 섬광 사진을 직접 찍어 봐요! 그럼 운동을 훨씬 잘 이해할 수 있을 거 같아요."

"맞아요. 과학은 뭐니 뭐니 해도 직접 해 봐야죠!"

장하다가 고개를 끄덕이며 맞장구쳤다.

"좋아. 그럼 사진 찍으러 밖으로 나가자. 오늘 수업은 이걸로 끝!"

핵심정리

물체가 운동하는 방향과 반대 방향으로 힘이 작용하면 물체의 속력이 작아져.

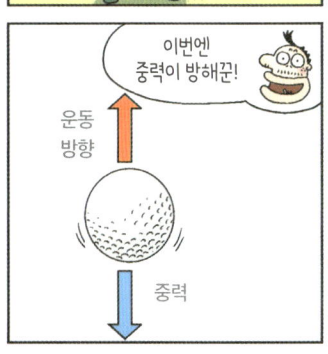

# 나선애의 정리노트

1. 힘이 작용할 때 물체의 운동
① 물체의 ⓐ   이나 운동 방향이 변함.
② 정지해 있는 물체에 힘이 작용하면 물체는 ⓑ   을 주는 방향으로 운동함.
③ 물체가 운동하는 방향과 ⓒ   방향으로 힘이 작용하면 속력이 커짐.
　[예] 공이 아래로 떨어질 때, 스키 선수가 언덕 아래로 내려갈 때
④ 물체가 운동하는 방향과 ⓓ   방향으로 힘이 작용하면 속력이 작아짐.
　[예] 공이 위로 올라갈 때, 잔디에서 골프공이 굴러갈 때

2. 다중 섬광 사진으로 속력 알아내기
① 다중 섬광 사진: 물체의 움직임을 한 장에 담은 사진으로, 시간이 지남에 따라 물체의 속력이 어떻게 변하는지 알 수 있음.
② 시간이 지남에 따라 물체 사이의 간격이 커짐.
　→ 속력이 커지는 운동
③ 시간이 지남에 따라 물체 사이의 간격이 작아짐.
　→ 속력이 작아지는 운동

ⓐ 속력 ⓑ 힘 ⓒ 같은 ⓓ 반대

과학퀴즈 달인을 찾아라!

●정답은 123쪽에

01

친구들이 이번 시간에 배운 내용에 대해 이야기하고 있어. 옳으면 O, 옳지 않으면 X를 표시해 줘.

① 물체에 힘이 작용하면 물체의 속력이나 운동 방향이 변해. (   )
② 운동 방향과 같은 방향으로 힘이 작용하면 속력이 커져. (   )
③ 운동 방향과 반대 방향으로 힘이 작용하면 속력은 변하지 않아. (   )

02

허영심이 놀이 공원에서 장하다를 만나기로 했어. 아래 [보기]에서 괄호 안에 들어갈 말들을 순서대로 찾아야 장하다가 있는 곳에 도착할 수 있대. 허영심이 길을 찾게 도와줘.

> [보기]
> 물체가 운동하는 방향과 같은 방향으로 (   )이 작용하면 물체의 (   )은 커지고 (   )은 변하지 않아.

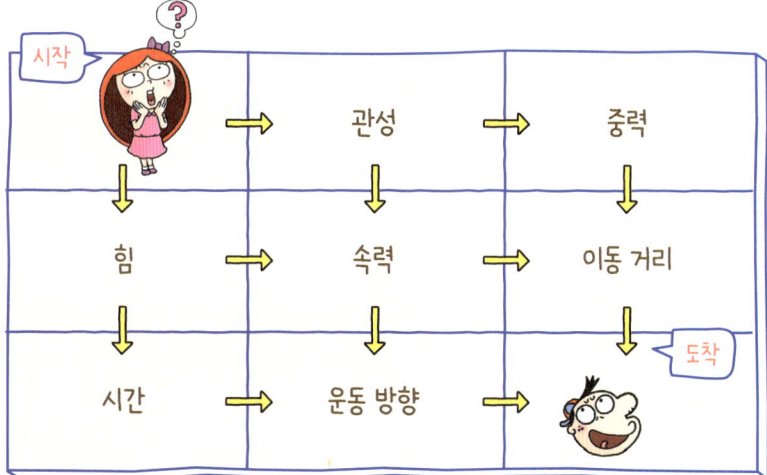

용선생의 과학 카페 | 용선생의 한국사 카페 | 용선생의 세계사 카페

https://cafe.naver.com/yongyong

용선생의 과학 카페

과학계의 핵인싸,
용선생의 과학 카페에
오신 걸 환영합니다.

Log in

오늘은 어떤
재미난 지식을
올려 볼까?

MENU
물리면 아프다
화학이 화하하
생물 오징어
지구는 둥글다

양궁 선수가 과녁을 비스듬히 겨누는 까닭은?

양궁 선수는 경기를 할 때 과녁 중심을 똑바로 겨누지 않고 비스듬히 조준하는 경우가 많아. 왜 과녁을 비스듬하게 조준하는 걸까? 물체의 운동 방향과 같은 방향이나 반대 방향으로 힘이 작용하면, 물체의 속력은 변하지만 운동 방향은 변하지 않아. 하지만 물체의

운동 방향과 나란하지 않은 방향으로 힘이 작용하면 물체의 운동 방향이 변하지. 양궁 선수는 바로 이 원리를 이용하는 거란다.

물체의 운동 방향이 어떻게 변하는지 알 수 있는 간단한 실험이 있어. 먼저 두꺼운 종이로 홈통을 만들어 비스듬하게 세운 뒤, 탁구공이 홈통을 따라 내려가게 해. 그리고 헤어드라이어를 이용해서 탁구공이 운동하는 방향과 나란하지 않은 방향으로 바람을 불어 넣어.

운동 방향과
나란하지 않게
바람이 불면

홈통

힘의 방향

운동 방향

운동 방향이
변해!

그럼 탁구공이 바람이 불어 나가는 쪽으로 휘는 것을 볼 수 있어. 양궁 경기에서 화살이 날아가는 방향도 바람의 방향에 따라 달라질 수 있어. 과녁을 향해 바로 쐈다가는 바람 때문에 화살이 엉뚱한 곳으로 날아갈 수도 있지. 그래서 양궁 선수는 바람의 방향이 어디인지 잘 살펴보고 그에 따라 과녁을 조준해.

장하다의 오답을 피하는 방법
나선애의 야무진 실험실
왕수재의 아는 척 과학교실
허영심의 별 헤는 밤
곽두기의 빅뱅 따라잡기

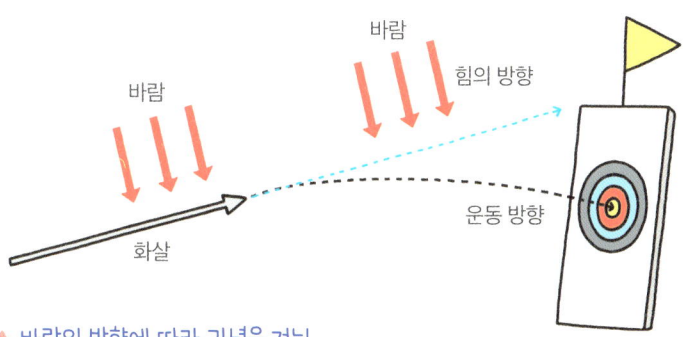

▲ 바람의 방향에 따라 과녁을 겨눠.

바람의 방향을 어떻게 아느냐고? 양궁장 과녁 위에는 깃발이 세워져 있어. 양궁 선수는 깃발이 펄럭이는 방향을 보고 바람의 방향을 알아내.

▲ 양궁 과녁 위에는 깃발이 세워져 있어.

깃발로 바람의 방향을 알아내.

COMMENTS

 내가 축구할 때 골을 못 넣는 게 바람 때문인가?

 ㄴ 내가 농구공을 못 넣는 것도 혹시?

 ㄴ 하여튼 핑계도 가지가지야!

교과연계

초 5-2 물체의 운동
중 1 여러 가지 힘
중 3 운동과 에너지

공 중에 배드민턴공이 가장 빠르대!

정말? 까닭이 뭘까?

① 위치와 운동
② 속력
③ 관성
④ 힘과 운동
⑤ 속력의 변화
⑥ 원운동

"장하다, 파이팅!"

왕수재와 배드민턴을 하고 있는 장하다를 향해 허영심이 외쳤다. 이때 나선애가 말했다.

"인터넷에서 봤는데, 공 중에 배드민턴공이 가장 빠르대!"

"정말? 왠지 다른 공이 더 빠를 것 같은데……. 배드민턴공이 그렇게 빨라?"

허영심의 물음에 나선애가 고개를 가로저었다.

"나도 자세히는 몰라. 이따가 선생님께 여쭤보자!"

 ### 배드민턴공은 왜 야구공보다 빠를까?

"선생님, 공을 쳤을 때 배드민턴공이 가장 빠르다던데,

진짜예요?"

"맞아. 공을 치는 순간에는 배드민턴공의 속력이 가장 크지. 공을 사용하는 운동 경기 중에서 말이야."

"야구공이나 테니스공보다도 빠르다고요?"

곽두기가 놀란 표정으로 물었다.

"그래. 시속 330km 정도이니까 KTX보다도 조금 더 빨라. KTX는 시속 300km로 달리거든."

"헉, 대단하다!"

"배드민턴공은 왜 그렇게 빠른 거예요?"

곽두기의 말에 허영심도 고개를 끄덕이며 맞장구쳤다.

"배드민턴공이 야구공이나 테니스공과 다른 점이 뭔지 생각해 보면 쉽게 알 수 있어."

"음……. 일단 가볍죠!"

"맞아요! 전에 잡지에서 봤는데 선수들이 쓰는 배드민턴공은 깃털로 만든대요. 그럼 엄청 가볍겠죠!"

"맞아. 배드민턴공에 대해 모두 잘 알고 있구나. 배드민턴공은 질량이 5g 정도밖에 되지 않아. 운동 경기에서 사용하는 공 중에 매우 가벼운 편이지."

"가벼운 거랑 빠른 거랑 상관이 있어요?"

허영심이 고개를 갸웃하며 물었다.

  장하다의 상식 사전

배드민턴공 배드민턴공은 셔틀콕이라고도 해. 선수들이 쓰는 깃털 셔틀콕은 반으로 자른 공 모양의 코르크에 거위 깃털을 16개 꽂아 만들어.

▲ 깃털 셔틀콕

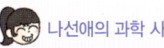 나선애의 과학 사전

질량 물체가 갖는 고유한 양이야. 물체는 질량이 클수록 무거워.

용선생의 과학 현미경

단위 시간 동안 속도가 변한 정도를 '가속도'라고 해. 속도는 속력과 운동 방향, 둘 다를 나타내는 양이야. 우리는 운동 방향은 일정하고, 속력이 변하는 경우만 알아볼 거야.

"있고말고! 물체에 힘이 작용하면 물체의 속력이 변한다고 했던 거 기억나지?"

"네!"

"같은 크기의 힘을 주어도 물체마다 속력이 변하는 정도는 다를 수 있어. 예를 들어, 마트에서 빈 카트를 밀 때와 물건으로 꽉 찬 카트를 밀 때를 생각해 봐. 속이 빈 카트는 살짝만 밀어도 앞으로 쑥 나가잖아."

"맞아요. 근데 카트에 물건을 실어 무거워지면 카트가 앞으로 잘 안 나가요. 그래서 훨씬 세게 밀어야 해요."

"그렇지! 가벼운 물체는 같은 크기의 힘을 주어도 속력

용선생의 과학 현미경

질량과 무게는 같을까, 다를까?

일상생활에서는 질량과 무게를 구분하지 않고 사용하는 경우가 많아. 하지만 질량과 무게는 엄연히 다르단다. 어떻게 다르냐고? 무게는 지구가 물체를 당기는 중력 때문에 생겨. 그래서 중력이 커질수록 무게도 커진단다. 이와 달리 질량은 중력과 상관없이 물체가 갖는 고유한 양을 말해. 물체를 이루는 물질의 양이 바로 질량이지. 그런데 왜 일상생활에서는 무게와 질량을 구분하지 않고 사용할까? 그건 질량이 클수록 무게도 커지기 때문이야. 질량이 작은 물체는 무게가 작고, 질량이 큰 물체는 무게도 커.

▲ 무게는 중력 때문에 생겨.

이 크게 변해. 다시 말해, 질량이 작을수록 속력이 변하는 정도는 크고, 질량이 클수록 속력이 변하는 정도는 작아."

이때 곽두기가 손을 번쩍 들었다.

"동생을 자전거에 태우면 혼자 탈 때보다 훨씬 느린데, 이것도 동생을 태우면 무거워져서 그런 거죠?"

"아주 훌륭한데! 동생을 태우면 질량이 커져서 페달을 똑같이 밟아도 속력이 변하는 정도가 작은 거야."

이때 나선애가 이마를 탁 치며 말했다.

"오, 배드민턴공이 왜 빠른지 이제 알겠어요! 배드민턴공이 가벼워서 그런 거군요!"

용선생의 과학 현미경

공을 치는 순간, 테니스공의 속력은 시속 240km, 야구공의 속력은 시속 180km 정도야. 배드민턴공의 속력인 시속 330km보다 작지.

"그렇지! 똑같은 세기로 쳐도 배드민턴공은 질량이 작아서 속력이 변하는 정도가 커. 그래서 배드민턴공이 야구공이나 테니스공보다 더 빠른 거야. 이제 배드민턴공의 비밀이 풀렸지?"

"네! 알고 보니 간단한 거였네요!"

핵심정리

같은 크기의 힘이 작용할 때 물체의 질량이 작을수록 속력이 변하는 정도가 크고, 질량이 클수록 속력이 변하는 정도가 작아.

 **왜 카트를 둘이 밀면 더 빨리 갈까?**

"물체의 질량이 다르면 속력이 변하는 정도도 달라. 하지만 질량이 같더라도 물체에 얼마나 힘을 세게 주는지에 따라 속력이 변하는 정도가 다를 수 있어."

용선생이 아이들을 둘러보며 말했다.

"그렇겠네요. 축구공을 발로 세게 차면 약하게 찰 때보다 더 빠르게 날아가잖아요."

장하다의 말에 용선생이 고개를 세차게 끄덕였다.

"그렇지! 마찬가지로 배드민턴공을 세게 치면 약하게 칠 때보다 배드민턴공이 더 빨리 날아가. 이렇듯 물체에 작용하는 힘의 크기가 클수록 속력이 변하는 정도는 크고, 힘의 크기가 작을수록 속력이 변하는 정도는 작아."

"생각해 보면 당연한 거 같아요. 카트를 밀 때도 혼자 밀 때보다 둘이 밀면 카트가 더 빨리 나가잖아요."

"맞아. 우리가 일상생활에서 늘 경험하는 거지. 그럼 지금까지 운동에 대해 배운 걸 정리해 볼까?"

용선생의 말에 아이들이 귀를 쫑긋했다.

"물체에 힘이 작용하면 물체의 속력이 변해. 이때 속력이

질량은 그대로이고 힘이 커질 때

힘은 그대로이고 질량이 작아질 때

속력이 변하는 정도가 커!

 용선생의 과학 현미경

뉴턴이 발견한 법칙이 하나 더 있어. 한 물체가 다른 물체에 힘을 주면 힘을 받은 물체도 힘을 준 물체에 동시에 힘을 준다는 거야. 이걸 뉴턴 제3법칙이라고 해.

변하는 정도는 힘의 크기가 클수록, 물체의 질량이 작을수록 커지는데, 이걸 <u>뉴턴 제2법칙</u>이라고 해."

"이것도 뉴턴이 생각해 냈군요?"

"그래. 이처럼 뉴턴 제2법칙은 물체에 힘이 작용할 때 물체의 운동을 설명하는 법칙이란다."

"뉴턴의 업적에 대해서만 알면 운동에 대해 거의 다 알게 될 거 같아요!"

 **핵심정리**

물체에 힘이 작용할 때 속력이 변하는 정도는 힘의 크기가 클수록, 물체의 질량이 작을수록 커. 이것이 뉴턴 제2법칙이야.

뭐가 먼저 떨어질까?

"재밌는 퀴즈 하나 내 볼까?"

아이들이 큰소리로 "네!" 하고 답하자 용선생이 곽두기의 책상 위에 놓인 지우개와 교탁 위에 놓인 종이 한 장을 높이 치켜들었다.

"달에서 지우개와 종이를 같은 높이에서 동시에 떨어뜨리면 바닥에 동시에 닿을까? 아니면 어느 하나가 먼저 떨어질까?"

"지우개가 더 무거우니까 지우개가 먼저 떨어져요!"

곽두기가 제일 먼저 답하자 나선애가 고개를 갸웃했다.

"글쎄……. 그렇게 쉬운 문제일 리가 없어."

"하하, 지우개가 종이보다 질량이 큰 건 맞지만, 정답은 '동시에 떨어진다.'야."

"어? 왜요?"

"힌트를 하나 줄게. 물체가 땅에 떨어지는 건 중력 때문이라고 했지? 물체의 질량이 클수록 물체에는 중력이 크게 작용한단다."

지우개에는 힘이 더 크게 작용해!

지우개는 질량이 더 커!

"그럼 종이보다 지우개에 중력이 더 크게 작용하니까 속력이 변하는 정도도 더 크잖아요. 그러니까 지우개가 더 빨리 떨어질 것 같은데요?"

왕수재가 고개를 갸웃하며 말하자 나선애가 외쳤다.

"잠깐! 근데 지우개는 종이보다 질량이 크니까 속력이 변하는 정도는 작잖아!"

그러자 아이들이 "그러네!" 하며 고개를 끄덕였다.

"하하! 모두 잘 이해하고 있구나! 질량이 큰 지우개는 질량이 작은 종이보다 중력이 크게 작용해서 속력이 변하는 정도가 커. 하지만 종이보다 질량이 큰 만큼 속력이 변하는 정도가 작지."

"오! 그럼 종이랑 지우개는 속력이 변하는 정도가 비슷하겠네요?"

"그렇지! 비슷한 정도가 아니라 질량에 상관없이 지우개와 종이는 동시에 떨어진다는 사실!"

곽두기가 믿을 수 없다는 표정을 짓더니, 책상 위의 공책을 한 장 찢었다.

"두기야, 너 뭐 해? 갑자기 왜 공책을 찢고 그래?"

"진짜 그런지 한번 해 보려고!"

곽두기가 찢은 종이 한 장과 지우개를 동시에 떨어뜨리

자 지우개가 먼저 떨어졌다.

"선생님! 지우개가 더 빨리 떨어지는데요?"

아이들이 실망스러운 표정으로 웅성거렸다.

"하하, 방금 본 것처럼 지구에서는 지우개가 종이보다 먼저 떨어져. 그래서 아까 선생님이 '달에서' 떨어뜨린다면 어떻게 될지 물어봤잖니."

"지구랑 달이랑 무슨 차이가 있는데요?"

"지구에는 공기가 있지만, 달에는 공기가 없지!"

"네? 공기요?"

"땅 위에서 물체가 운동할 때 바닥과 물체 사이에 물체의 운동을 방해하는 마찰력이 작용하는 것처럼, 물체가 공기 중에서 운동할 때에도 물체의 운동을 방해하는 힘이 작용하거든. 그걸 '공기 저항'이라고 해. 그래서 물체가 공기 중에서 운동할 때에는 공기가 없는 곳에서 운동할 때보다 속력이 작아져."

"와, 공기도 운동을 방해하는구나!"

"근데 지우개랑 종이, 둘 다 공기 저항을 받지 않아요?"

"맞아. 그런데 종이는 지우개보다 넓적해서 공기와 닿는 면이 지우개보다 넓어. 그럼 공기 저항도 커진단다. 그래서 공기가 있는 지구에서는 종이가 지우개보다 더 천천히 떨어

 용선생의 과학 현미경

종이를 작게 접거나 둥글게 뭉치면 공기와 닿는 면의 넓이가 작아져서 공기 저항이 작아져. 그래서 활짝 펼친 종이보다 더 빨리 떨어져.

▲ 공기 저항 때문에 지우개가 먼저 떨어져.   ▲ 공기 저항이 없어서 동시에 떨어져.

지지."

"아하! 달에는 공기가 없으니까 공기 저항도 없어서 지우개와 종이가 동시에 떨어지고요!"

"그렇지! 공기 저항이 없으면 물체의 질량에 상관없이 모든 물체는 동시에 떨어져. 갈릴레이가 지금으로부터 약 430년 전에 이 사실을 처음 주장했단다."

"와, 모든 물체가 동시에 떨어진다니!"

"갈릴레이라면 관성을 알아낸 그 과학자요?"

"그래. 실제로 달에서 갈릴레이의 주장을 실험으로 증명한 사람이 있어."

"달까지 가서 이걸 직접 해 봤다고요?"

"응. 바로 미국의 우주 비행사 데이비드 스콧이야. 스콧은 1971년 아폴로 15호를 타고 달에 갔어. 그는 알루미늄 망치와 깃털을 달 표면으로부터 약 1.6m 높이에서 동시에 떨어뜨리는 실험을 했어. 이 실험은 텔레비전으로 생중계돼서 수억 명의 사람들이 봤단다!"

"그래서 실험은 어떻게 됐는데요?"

"물론 두 물체가 동시에 떨어졌지. 그래서 공기 저항이 없을 때에는 질량이 다른 물체도 동시에 떨어진다는 갈릴레이의 주장이 증명되었어."

"오, 달에 가서 실험하면 엄청 재밌겠다!"

"여기에서도 할 수 있는 재밌는 실험이 얼마나 많은데!"

용선생의 말에 장하다가 외쳤다.

"맞아요! 얼른 나가서 배드민턴공이랑 테니스공으로 서브해 봐요. 뭐가 더 빠른지 보게요."

"하하, 그럴까? 그럼 오늘 수업은 여기까지!"

핵심정리

공기 저항이 없으면 물체의 질량에 관계없이 모든 물체가 동시에 떨어져.

나선애의 정리노트

1. 힘의 크기가 일정할 때 물체의 속력
① 물체의 ⓐ 이 클수록 속력이 변하는 정도가 작음.
② 물체의 질량이 작을수록 속력이 변하는 정도가 큼.
  [예] 똑같은 세기로 공을 치면 질량이 작은 배드민턴공이 질량이 큰 테니스공보다 빠름.

2. 질량이 일정할 때 물체의 속력
① ⓑ 의 크기가 클수록 속력이 변하는 정도가 큼.
② 힘의 크기가 작을수록 속력이 변하는 정도가 작음.
  [예] 배드민턴공을 세게 칠수록 배드민턴공이 빠름.

3. 뉴턴 제2법칙
· ⓒ 이 변하는 정도는 질량이 작을수록, 힘의 크기가 클수록 큼.

4. 뉴턴 제2법칙으로 설명할 수 있는 현상
· 공기 ⓓ 이 없으면 질량에 관계없이 모든 물체는 동시에 떨어짐.

ⓐ 질량 ⓑ 힘 ⓒ 속력 ⓓ 저항

과학퀴즈 달인을 찾아라!

●정답은 123쪽에

01

친구들이 이번 시간에 배운 내용에 대해 이야기하고 있어. 옳으면 O, 옳지 않으면 X를 표시해 줘.

① 힘의 크기가 같을 때 질량이 클수록 속력이 변하는 정도가 작아. (   )

② 질량이 같을 때 힘의 크기가 클수록 속력이 변하는 정도가 작아. (   )

③ 배드민턴공은 질량이 커서 테니스공보다 빨라. (   )

02

친구들이 피자를 걸고 사다리 타기를 하고 있어. 바위를 밀 때 바위의 속력이 가장 큰 경우를 따라가면 피자의 주인을 찾을 수 있대. 과연 누가 피자를 먹게 될지 알아맞혀 봐!

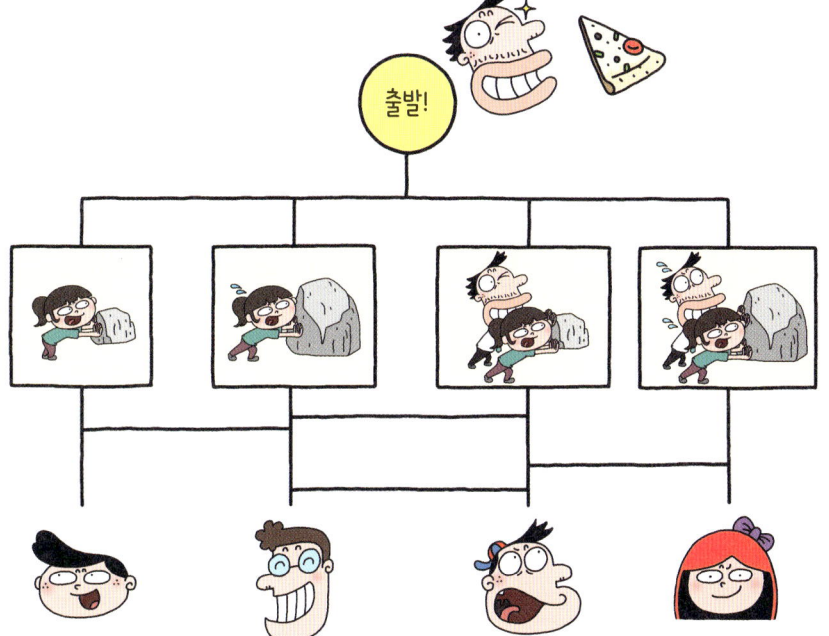

6교시 | 원운동

인공위성은 왜 안 떨어질까?

우아! 인공위성이야!

저렇게 큰데 왜 땅으로 안 떨어지지?

교과연계

초 5-2 물체의 운동
중 1 여러 가지 힘
중 3 운동과 에너지

인공위성이 안 떨어지는 까닭이 궁금하니?

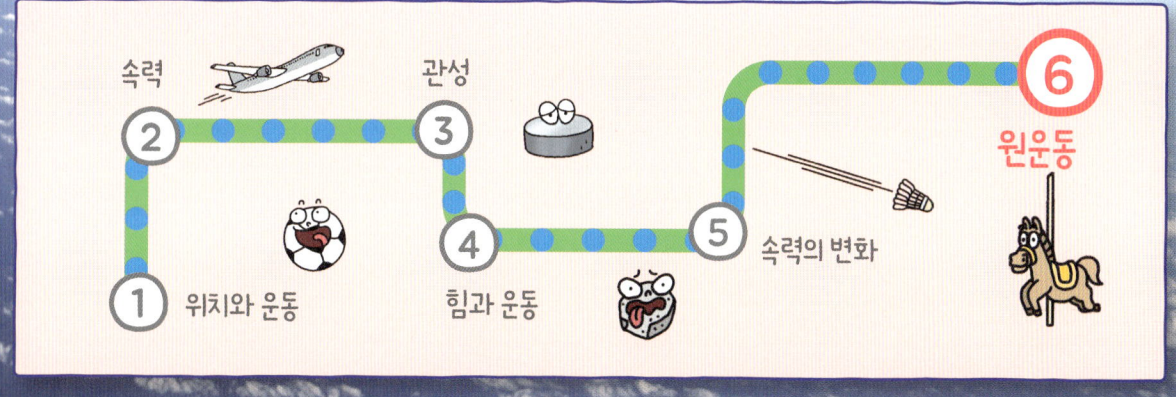

"뭘 그렇게 열심히 보고 있어?"

과학실 한쪽에 모여 있는 아이들을 향해 나선애가 물었다.

"과학 잡지! 인공위성 특집인데, 엄청 재밌어!"

"유럽 축구를 집에서 실시간으로 보고, 내비게이션을 이용해 길을 찾을 수 있는 게 다 인공위성 덕분이래. 인공위성이 없었으면 어쩔 뻔했어?"

허영심의 말에 아이들이 고개를 끄덕였다. 이때 갑자기 왕수재가 물었다.

"근데 인공위성은 어떻게 땅으로 떨어지지 않는 거지? 누가 연료라도 넣어 주나?"

"음…… 생각해 보니 그러네. 비행기도 연료가 다 떨어지면 못 나는데 말이야."

하늘에 떠 있는 방법

용선생이 과학실에 들어서자 아이들이 연이어 질문을 쏟아냈다.

"선생님, 인공위성은 왜 땅으로 안 떨어져요?"

"누가 인공위성에 연료를 계속 넣어 주나요?"

"하하, 그건 아니야. 인공위성이 땅으로 떨어지지 않는 까닭이 궁금하구나? 먼저 알아둘 게 하나 있는데, 인공위성은 지구 위에 가만히 떠 있는 게 아니라 지구 주위를 계속 돌고 있어."

"정말요? 가만히 멈춰 있는 줄 알았어요!"

"하하, 지금부터 인공위성이 땅으로 떨어지지 않고 지구 주위를 도는 원리를 알아보자."

용선생이 서랍에서 야구공을 꺼내며 말을 이었다.

"높은 산에 올라가서 야구공을 던진다고 상상해 봐. 야구공은 어떻게 될까?"

"그야 당연히 조금 날아가다 땅으로 떨어지죠."

"제가 던지면 좀 더 멀리 가서 떨어질 거예요."

장하다가 어깨를 으쓱하며 말하자 나선애가 팔짱을 낀 채 대꾸했다.

"어차피 땅으로 떨어지는 건 마찬가지거든."

"그래. 하다가 힘껏 던지면 공이 좀 더 멀리 갈 순 있겠지만 선애 말대로 결국 땅으로 떨어질 거야. 근데 만일 슈퍼맨이 공을 엄청 세게 던지면 어떻게 될까?"

"그럼 공이 엄청 빠를 테니까 훨씬 멀리 가겠죠!"

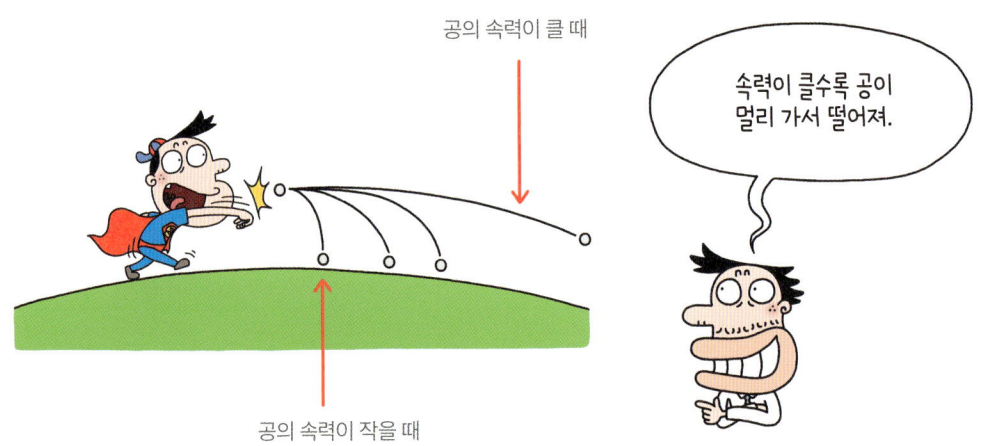

"그렇지! 그렇게 멀리 가다 보면 지구가 둥글어서 공이 땅으로 떨어지지 않고 지구 둘레를 계속 돌 수도 있단다."

"네? 지구가 둥근 거랑 공이 땅으로 떨어지지 않는 거랑 무슨 상관이 있어요?"

"공의 속력이 작을 때에는 공이 얼마 못 가 땅으로 떨어지니까 상관이 없지. 하지만 공의 속력이 매우 커서 공이 멀리 가면 상관이 있어."

"그게 무슨 말씀이시죠?"

왕수재가 고개를 갸우뚱했다.

"지구는 평평하지 않고 둥글잖아. 공의 속력이 매우 크면 공이 아래로 떨어지더라도, 그만큼 땅도 둥글게 굽어 있어서 공이 계속 떠 있게 되지. 공이 땅과 일정한 간격을 유지하니까 말이야."

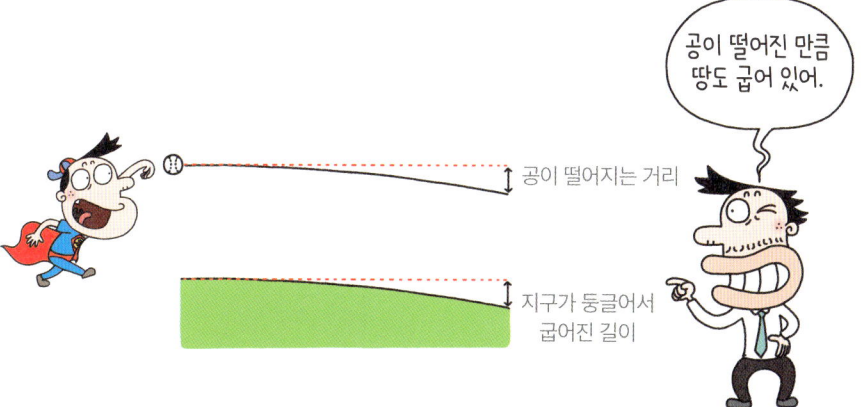

"오호, 아래로 떨어지긴 하지만 땅에 닿지 않으니 실제로는 계속 떠 있는 거군요! 어차피 계속 같은 높이에 있으니까요!"

"그렇지! 이 원리를 처음 알아낸 사람은 뉴턴이야. 뉴턴은 공기 저항이 없는 곳에서 물체를 던졌을 때 물체의 속력이 매우 크면 물체가 땅에 닿지 않고 지구 주위를 계속 돌 수 있다고 했어."

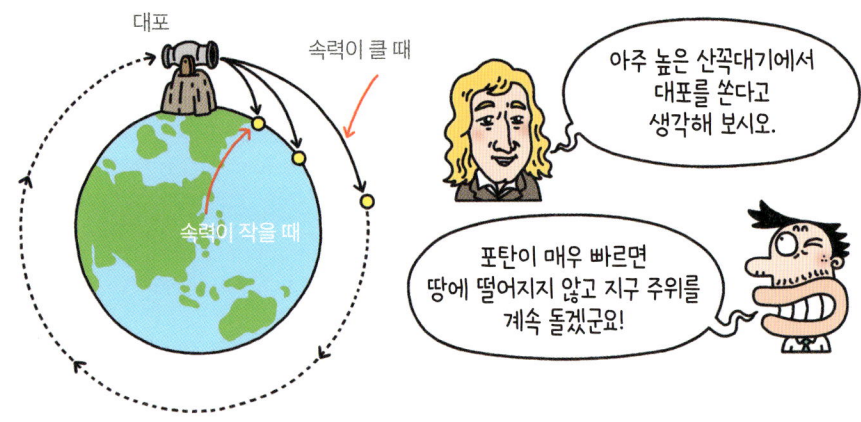

▲ 뉴턴이 생각한 대포 실험

"그럼 인공위성이 땅으로 떨어지지 않는 것도 같은 원리예요?"

"맞아. 인공위성을 매우 큰 속력으로 발사시키면 인공위성이 땅으로 떨어지지 않고 지구 둘레를 계속 돌 수 있어. 인공위성이 지구 주위를 도는 것처럼 물체가 한 점을 중심으로 원을 그리며 도는 것을 '원운동'이라고 해."

"원을 그리며 도니까 원운동! 기억하기 쉽네요."

"하하, 그렇지? 원운동은 직선 운동과 달리 방향이 계속 변하는 운동이야. 특히 원운동 중에서 계속 같은 속력으로 도는 운동을 '등속 원운동'이라고 하지. 한마디로, 등속 원운동은 속력은 일정하고 방향만 변하는 운동이야. 대부분의 인공위성은 등속 원운동을 해."

"인공위성을 얼마나 빠르게 발사해야 땅에 닿지 않고 돌

수 있어요?"

"그건 지표면에서의 높이에 따라 달라지는데, 지표면 바로 위에서는 속력이 7.9 km/s이면 돼."

"7.9 km/s이면 얼마나 빠른 건지 상상이 잘 안 돼요."

"KTX의 속력이 보통 0.08 km/s 정도이니까, KTX보다 거의 100배 빠른 거야."

"오, 정말 엄청 빨라야 하네요!"

"속력이 그것보다 크면 어떻게 돼요?"

"속력이 7.9 km/s보다 크면 지구 주위를 돌긴 하는데 원이 아니라 길쭉한 원을 그리면서 돌게 되지. 속력이 11.2 km/s보다 크면 아예 지구를 벗어난단다."

"와, 그럼 영영 돌아오지 못하는 거네요? 신기하다!"

"반대로 인공위성의 속력이 7.9 km/s보다 작으면 땅에 떨어져."

 곽두기의 낱말 사전

지표면 땅 지(地) 겉 표(表) 모양 면(面). 지구의 겉면을 말해.

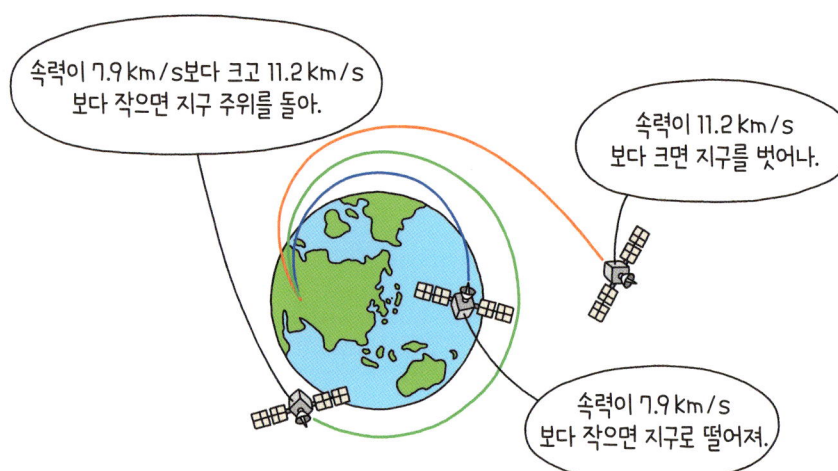

"그렇겠네요. 하다가 던진 야구공처럼 말이죠. 하하!"

원운동은 한 점을 중심으로 원을 그리며 도는 운동이야. 물체를 매우 큰 속력으로 던지면 물체는 땅에 닿지 않고 지구 주위를 도는 원운동을 해. 원운동 중에서 속력이 일정한 운동을 등속 원운동이라고 해.

 ## 인공위성을 돌리는 힘은?

용선생이 아이들을 둘러보며 물었다.

"인공위성은 등속 원운동을 한다고 했지? 그렇다면 인

공위성에는 힘이 작용할까, 하지 않을까?"

"등속 원운동은 속력이 변하지 않는 운동이니까 인공위성에는 아무 힘도 작용하지 않을 거 같아요."

왕수재의 말에 용선생이 고개를 가로저었다.

"그렇지 않아. 인공위성에 아무 힘도 작용하지 않으면 인공위성은 원운동을 할 수 없어."

"왜요?"

"바로 관성 때문이지. 물체에 아무 힘도 작용하지 않으면 운동하고 있는 물체는 속력과 방향이 모두 변하지 않는 등속 직선 운동을 한다고 했던 말, 기억나지?"

"오, 기억나요! 관성 법칙!"

"그래. 잘 생각해 봐. 원운동은 방향이 계속 변하는 운동이야. 방향이 왜 계속 변할까?"

왕수재가 고개를 크게 끄덕이며 외쳤다.

"아하, 힘이 계속 작용해서 방향도 계속 변하는군요!"

"그렇지! 지금까지는 물체에 힘이 작용하여 속력이 변하는 경우만 알아봤어. 힘의 방향이 운동 방향과 같은 방향이면 속력이 커지고, 반대 방향이면 속력이 작아지지. 이때 운동 방향은 변하지 않아. 그런데 힘이 작용할 때 속력은 변하지 않고 운동 방향만 변하는 경우도 있어. 등속 원

운동이 바로 그런 경우야."

"힘이 어떻게 작용해야 방향만 변하죠?"

용선생이 "예를 들어 볼게."라고 말하며 장하다에게 공을 매단 실을 건넸다.

"하다야, 실 끝을 잡고 공을 빙빙 돌려 보렴."

"헤, 맡겨만 주세요!"

장하다가 공을 돌리기 시작하자 용선생이 말했다.

"공이 지금 원운동을 하고 있지? 공은 실이 당기는 힘 때문에 원을 그리며 도는 거야."

"당연하죠! 실로 당기지 않으면 공이 멀리 날아가 버릴 걸요?"

"그래. 실은 원의 중심을 향해 공을 당기지. 등속 원운동을 하는 물체에는 언제나 원의 중심을 향해 힘이 작용해. 이 힘을 '구심력'이라고 해. 중심을 향하는 힘이라는 뜻이지. 실이 공을 당기는 힘이 바로 구심력이야."

"그럼 인공위성에도 구심력이 작용하나요?"

"응. 인공위성은 지구를 중심으로 돌지? 지구가 인공위성을 당기는 중력이 바로 구심력이야! 지구 중력은 항상 지구 중심을 향한다고 했던 말 기억하니?"

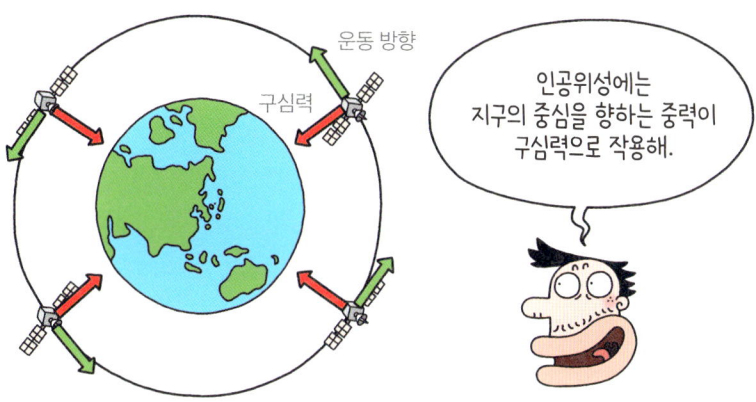

▲ 인공위성에 작용하는 구심력

돌이 원운동을 하는 건

실이 당기는 힘 때문이고

"어……. 그랬던 거 같아요."

허영심이 공책을 뒤적거리며 말했다.

"공을 실에 매달아 돌릴 때처럼 인공위성에도 지구의 중심을 향하는 중력이 구심력으로 작용해. 인공위성은 매 순간 지구 중력을 받기 때문에 직선으로 가지 않고 원을 그리며 도는 거야."

아이들이 고개를 끄덕이자 용선생이 말을 이었다.

"지구 둘레를 도는 위성 중에는 사람이 만든 게 아니라 자연적으로 생겨난 것도 있어. 밤하늘에 보이는……."

인공위성이 원운동을 하는 건

용선생의 말이 채 끝나기 전에 곽두기가 끼어들었다.

"별이요! 아니지, 달인가?"

"하하, 바로 달이야. 달도 인공위성처럼 지구 둘레를 도는데, 달이 지구 둘레를 도는 것도 지구가 달을 당기는 중

지구가 당기는 중력 때문이네! 이런 힘을 가리켜 구심력!

력이 구심력으로 작용해서야."

"오호, 인공위성이 지구 둘레를 도는 것과 달이 지구 둘레를 도는 것이 같은 원리네요!"

핵심정리

등속 원운동을 하는 물체에는 원의 중심을 향하는 힘이 작용해. 이 힘을 구심력이라고 해. 인공위성에 작용하는 구심력은 지구의 중력이야.

 **구심력이 갑자기 사라지면?**

이때 나선애가 고개를 갸웃하며 물었다.

"얼마 전에 놀이공원에서 회전 그네를 탔는데, 그때 마

▼ 회전 그네

치 누가 바깥쪽으로 저를 미는 것처럼 느껴졌어요. 회전 그네가 돌 때에도 구심력은 중심을 향하는데, 왜 저는 바깥쪽으로 몸이 쏠린 거죠?"

"오, 맞아. 나도 그랬어."

장하다가 고개를 끄덕이며 맞장구를 쳤다.

"바로 관성 때문이야. 모든 물체는 관성 때문에 운동하던 방향으로 계속 직선 운동을 하려는 성질이 있어. 회전 그네는 방향을 바꾸지만, 몸은 계속 직선 운동을 하려 하

 용선생의 과학 현미경

원운동을 할 때 느껴지는 힘

돌아가는 회전 그네에 타고 있으면 바깥쪽으로 미는 힘이 느껴져. 이런 힘을 '원심력'이라고 해. 구심력과 반대로 원의 중심에서 멀어지는 힘이라는 뜻이야.

구심력과 달리 원심력은 실제로 작용하는 힘이 아니야. 그게 무슨 말이냐고? 지구가 인공위성을 끌어당기는 힘, 실이 공을 끌어당기는 힘, 회전 그네의 줄이 사람을 끌어당기는 힘처럼 구심력은 실제로 작용하는 힘이야. 하지만 원심력은 누군가 바깥에서 끌어당기거나, 안에서 밀어내는 힘이 작용하는 게 아니야. 단지, 물체의 관성 때문에 나타나는 현상이지.

니까 바깥쪽으로 미는 힘을 느끼게 되지."

아이들이 고개를 끄덕이자 용선생이 말을 이었다.

"만약 공을 실에 매달아 돌리고 있는데, 실이 갑자기 끊어지면 공은 어떻게 될까?"

"멀리 날아가요!"

"확실하니? 계속 돌지 않고?"

"에이, 저희를 뭘로 보시고……. 그 정도는 저희도 안다고요."

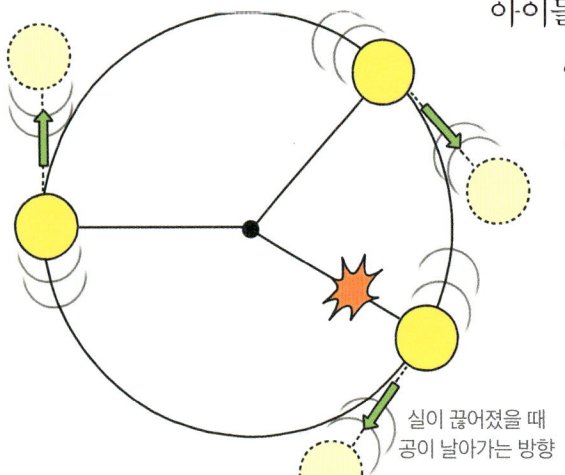

실이 끊어졌을 때 공이 날아가는 방향

"하하, 맞아. 구심력이 사라지니까 공은 더 이상 원운동을 할 수 없어. 그럼 실이 끊어진 공은 어느 방향으로 날아가게 될까?"

"어……. 글쎄요?"

"관성을 생각해 봐! 구심력이 사라지는 순간, 공은 관성 때문에 그 위치에서 곧장 운동하던 방향으로 날아가지."

"그럼 실이 끊어질 때 공이 어느 위치에 있느냐에 따라 날아가는 방향도 다르겠네요?"

용선생이 "그렇지!" 하며 말을 이었다.

"인공위성도 마찬가지야. 만약 지구의 중력이 사라지면 인공위성은 그 순간 운동하던 방향으로 등속 직선 운동을 하기 시작할 거야. 그러니까 구심력은, 직선으로 운동하려는 물체를 계속 원의 중심으로 당겨서 물체가 원을 그리며 운동하도록 방향을 바꾸는 힘이란다."

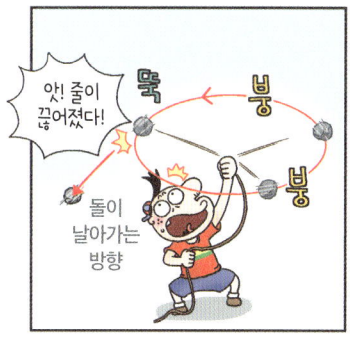

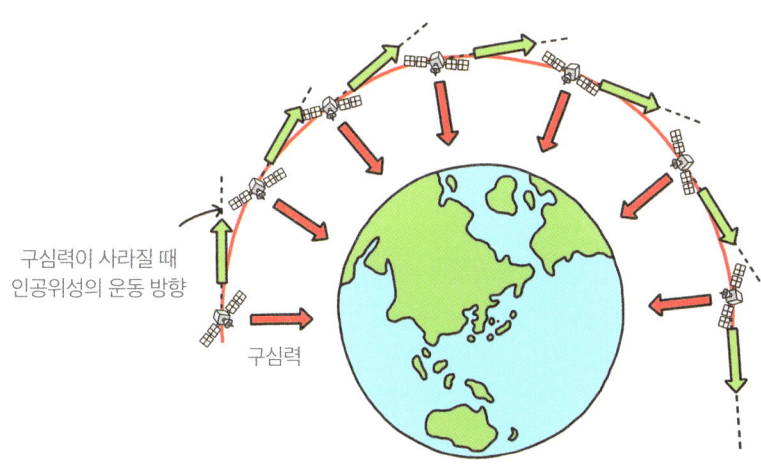

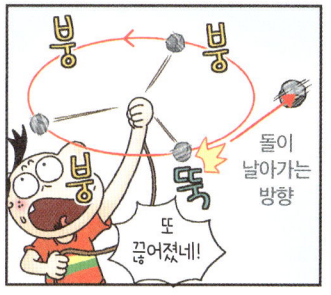

구심력이 사라질 때
인공위성의 운동 방향

구심력

▲ 지구 중력이 사라지면 인공위성은 점선 방향으로 등속 직선 운동을 하게 돼.

"원운동도 배웠으니 내일은 놀이 공원에 가서 회전 그네를 타면서 원운동에 대해 복습해요!"

장하다의 말에 아이들이 모두 환호성을 질렀다.

"오케이! 그럼 이것으로 운동 수업 끝!"

핵심정리

구심력이 사라지면 물체는 관성 때문에 그 위치에서 곧장 운동하던 방향으로 날아가.

나선애의 정리노트

1. 등속 원운동
① 한 점을 중심으로 일정한 속력으로 원을 그리며 도는 운동
② ⓐ____ 은 그대로이지만 운동 ⓑ____ 이 계속 변함.
③ 등속 원운동을 하는 물체에는 원의 중심을 향하는 힘, ⓒ____ 이 작용함.
④ 구심력이 사라지면 ⓓ____ 때문에 물체는 그 순간에 운동하던 방향으로 곧장 날아감.

2. 인공위성
① 매우 큰 속력으로 발사되어 땅으로 떨어지지 않고 지구 둘레를 도는 등속 원운동을 함.
② 지구의 중력이 구심력으로 작용함.

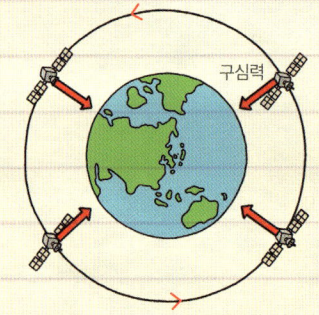

ⓐ 속력 ⓑ 방향 ⓒ 구심력 ⓓ 관성

과학퀴즈 달인을 찾아라!

●정답은 123쪽에

01

친구들이 이번 시간에 배운 내용에 대해 이야기하고 있어. 옳으면 O, 옳지 않으면 X를 표시해 줘.

① 등속 원운동은 속력이 변하지 않는 운동이야. (   )

② 등속 원운동은 방향이 변하는 운동이야. (   )

③ 등속 원운동을 하는 물체에는 아무런 힘도 작용하지 않아. (   )

02

왕수재가 인공위성 전시를 보러 과학관에 가려고 해. 인공위성의 운동과 관련된 말을 따라가면 과학관을 찾을 수 있대. 왕수재가 과학관에 도착할 수 있게 도와줘.

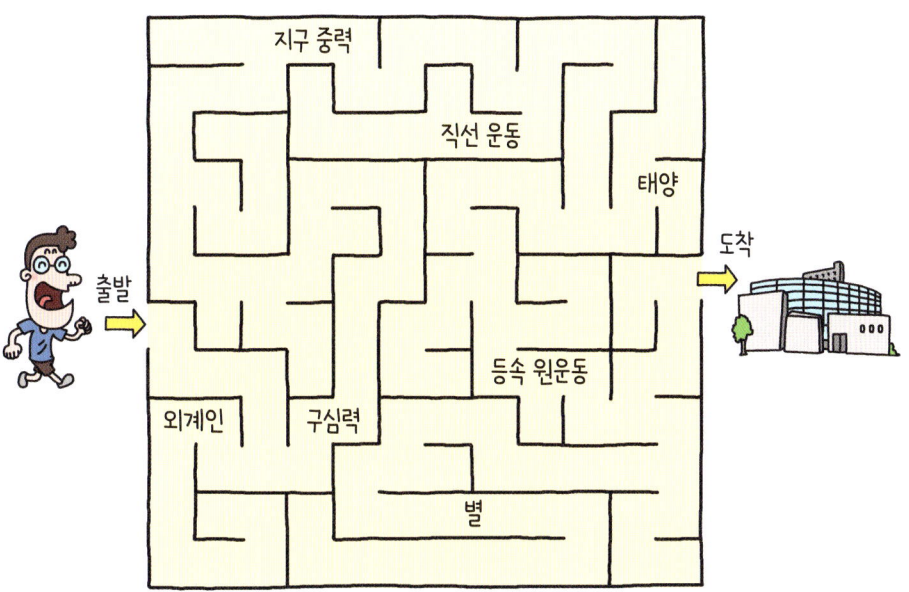

용선생의 과학 카페 | 용선생의 한국사 카페 | 용선생의 세계사 카페

https://cafe.naver.com/yongyong

용선생의 과학 카페

과학계의 핵인싸,
용선생의 과학 카페에
오신 걸 환영합니다.

Log in

MENU

물리면 아프다
화학이 화하하
생물 오징어
지구는 둥글다

같은 자리에 떠 있는 인공위성의 비밀

인공위성은 종류에 따라 떠 있는 높이나 속력이 달라. 그중 지표면에서 36,000 km 높이에 있는 인공위성은 속력이 3.1 km/s이고, 지구를 한 바퀴 도는 데 하루가 걸려. 지구는 하루에 한 바퀴를 도는 자전을 하는데, 지구가 한 번 자전하는 동안 인공위성도 지구 둘레를 한 번 돌기 때문에 지구에서 보면 마치 인공위성이 같은 위치에 정지해 있는 것처럼 보여. 이런 인공위성을 '정지 위성'이라고 해.

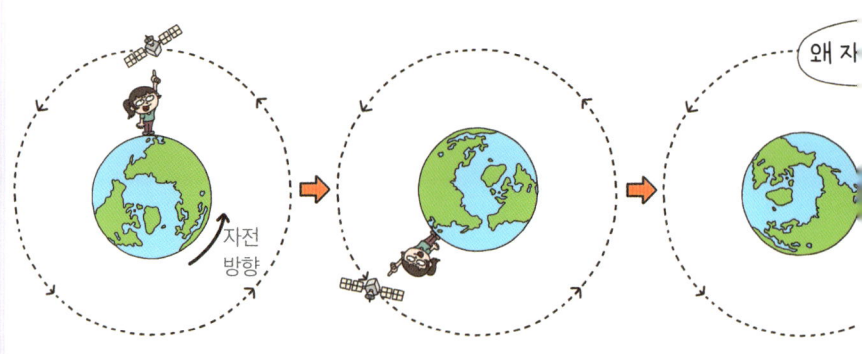

▲ 정지 위성의 원리

▲ 천리안위성

통신에 쓰이는 위성이나 날씨를 관측하는 위성도 정지 위성에 속해. 우리나라에서 개발한 천리안위성도 정지 위성이야.

장하다의 오답을 피하는 방법

나선애의 야무진 실험실

왕수재의 아는 척 과학교실

허영심의 별 헤는 밤

곽두기의 빅뱅 따라잡기

인공위성의 높이가 36,000km보다 낮거나 높으면 인공위성이 지구를 한 바퀴 도는 데 걸리는 시간이 하루보다 짧거나 길어져. 이런 위성은 지구에서 볼 때 정지 위성과 달리 한쪽 하늘에서 다른 쪽 하늘로 이동하는 것으로 보여서 '이동 위성'이라고 불러. 대부분의 이동 위성은 정지 위성보다 낮은 높이에 있어.

▲ **국제우주정거장** 축구장만 한 크기로, 1998년부터 만들기 시작해 2010년경 완성했어. 과학자들은 이곳에서 다양한 실험과 관측을 하며 우주에 관해 연구해.

우주에 관한 다양한 연구를 하는 국제우주정거장은 지표면에서 약 400km 떨어진 높이에 떠 있어. 국제우주정거장은 7.7km/s의 속력으로 지구 둘레를 돌고, 지구를 한 바퀴 도는 데 약 93분이 걸려.

COMMENTS

 인공위성 종류가 참 많네!

└ 하는 일도 여러 가지야!

└ 인공위성도 나처럼 엄청 바쁘군!

└ 넌 게임하느라 바쁘겠지!

가로세로 퀴즈

운동에 관한 가로세로 퀴즈야. 빈칸을 채워 봐.
띄어쓰기는 무시해도 돼.

가로 열쇠

① 물체가 한 점을 중심으로 원을 그리며 일정한 속력으로 도는 운동
② 원운동을 하는 물체에 작용하는 힘. 항상 원의 중심을 향함.
③ 70 km/h는 칠십 킬로미터 퍼 아워 또는 ○○ 칠십 킬로미터라고 읽음.
④ 물체에 힘이 작용하지 않을 때 물체가 처음의 운동 상태를 계속 유지하려는 성질
⑤ 물체의 위치는 기준점으로부터 물체가 있는 곳의 ○○과 거리로 나타냄.
⑥ 물체의 움직임을 한 장에 담은 사진으로, 시간이 지남에 따라 물체가 어떻게 움직이는지를 한눈에 볼 수 있음.
⑦ 물체의 위치가 시간에 따라 변하는 것

세로 열쇠

❶ 속력과 방향이 모두 일정한 운동
❷ 원운동을 하는 물체에 나타나는 힘으로 원의 중심에서 멀어지는 방향으로 작용함.
❸ 물체가 단위 시간 동안 이동한 거리
❹ 매우 큰 속력으로 발사되어 땅에 떨어지지 않고 지구 둘레를 도는 물체
❺ 4 m/s는 사 미터 퍼 세컨드 또는 ○○ 사 미터라고 읽음.
❻ 방향을 동, 서, 남, 북 네 개로 나타내는 것을 4○○라고 함.
❼ 속력은 물체의 ○○○○를 걸린 시간으로 나누어 구함.
❽ 지구가 물체를 당기는 힘

●정답은 123쪽에

교과서 속으로

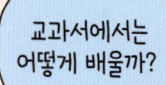
교과서에서는 어떻게 배울까?

초등 5학년 2학기 과학 | 물체의 운동

여러 가지 물체의 운동은 어떻게 다를까?

- **빠르기가 일정한 운동**
  - 물체의 빠르기가 변하지 않는 운동이다.
  - 에스컬레이터(자동계단)는 위층이나 아래층으로 이동하는 동안 빠르기가 일정하다.

- **빠르기가 변하는 운동**
  - 물체가 빨라지거나 느려지는 운동이다.
  - 롤러코스터는 내리막길에서 점점 빨라지고 오르막길에서 점점 느려진다.

 회전목마도 빠르기가 일정한 운동을 한다는 사실!

초등 5학년 2학기 과학 | 물체의 운동

물체의 빠르기는 어떻게 비교할까?

- **일정한 거리를 이동한 물체의 빠르기 비교**
  - 물체가 이동하는 데 걸린 시간으로 비교한다.
  - 일정한 거리를 이동하는 데 걸린 시간이 짧을수록 빠르다.

- **일정한 시간 동안 이동한 물체의 빠르기 비교**
  - 물체가 이동한 거리로 비교한다.
  - 일정한 시간 동안 긴 거리를 이동할수록 빠르다.

 스피드 스케이팅 경기는 걸린 시간으로 빠르기를 비교하지!

교과서랑 똑같네!

초등 5학년 2학기 과학　물체의 운동

물체의 속력은 어떻게 나타낼까?

- 이동하는 데 걸린 시간과 이동 거리가 모두 다른 물체의 빠르기 비교
  - 물체의 빠르기를 속력으로 나타내어 비교한다.

- 속력
  - 단위 시간 동안 물체가 이동한 거리이다.
  - 물체가 이동한 거리를 걸린 시간으로 나누어 구한다.
    ↳ 속력의 단위로 m/s, km/h 등을 사용한다.

 속력이 크다는 건 물체가 빠르다는 뜻이야!

중 3학년 과학　운동과 에너지

떨어지는 물체의 운동

- 자유 낙하 운동
  - 물체가 중력만 받으면서 아래로 떨어지는 운동이다.

- 자유 낙하 운동을 하는 물체의 속력
  - 물체가 운동하는 방향과 같은 방향으로 중력이 작용하여 속력이 일정하게 커진다.

- 질량이 다른 물체의 자유 낙하 운동
  - 공기 저항이 없을 때 같은 높이에서 동시에 떨어뜨린 물체는 질량에 관계없이 동시에 떨어진다.

 벌써 배운 내용이네! 중학교 과학도 걱정 없어!

찾아보기

갈릴레이 53, 55, 62-63, 94-95
거리 13
공기 저항 93-96, 103
관성 47, 49-54, 56-60, 62, 67, 94, 107, 111-114
관성 법칙 52, 54-55, 60, 107
구간 단속 카메라 42-43
구심력 108-114
국제우주정거장 117
기준점 14-15, 18-19, 24
뉴턴 53, 55, 89-90, 103-104
뉴턴 제1법칙 54-55
뉴턴 제2법칙 90, 96
다중 섬광 사진 71-72, 75-78
등속 원운동 104-108, 110, 114
등속 직선 운동 54-55, 60, 76, 107, 112-113
마찰력 52-53, 74-77, 93
무게 86, 91
미터 17, 24
미터 퍼 세컨드 36, 40
방위 15
셔틀콕 85
속도 38, 86
속력 34-40, 42-43, 49, 54-55, 57, 60, 67-74, 76-78, 80, 85-90, 92-93, 95-96, 102-107, 114, 116-117
스피드 건 42-43
시속 35, 85, 88
아리스토텔레스 53, 55
알짜힘 48

운동 상태 49, 51, 53, 63
원심력 111
이동 위성 117
인공위성 100-101, 104-114, 116-117
정지 위성 116-117
중력 71, 73, 76-77, 86, 91-92, 95, 108-110, 112-114
지표면 105, 116, 117
질량 85-88, 90-92, 94-96
천리안위성 116
초속 36
킬로미터 17, 24
킬로미터 퍼 아워 35, 40
퍽 48, 74
4방위 15, 24
8방위 16
16방위 16

퀴즈 정답

1교시

01 ① O ② X ③ O

02

2교시

01 ① X ② O ③ X

02 허영심

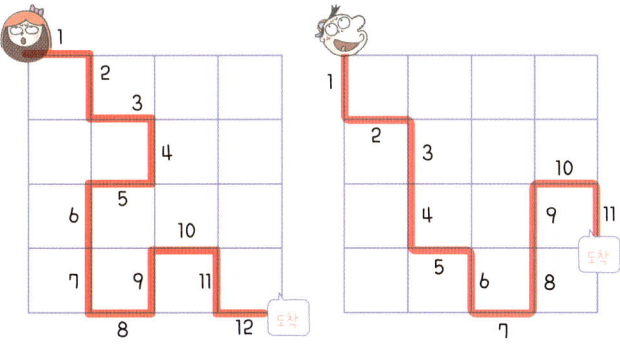

3교시

01　①X　②O　③O

02

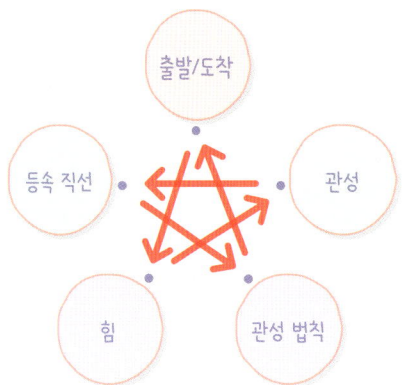

4교시

01　①O　②O　③X

02

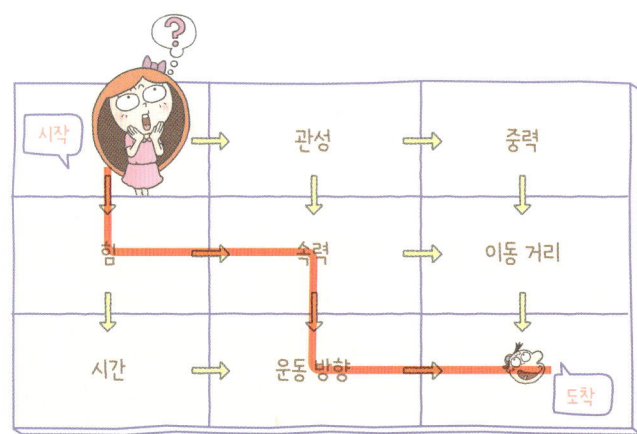

5교시

01 ① O　② X　③ X

02 곽두기

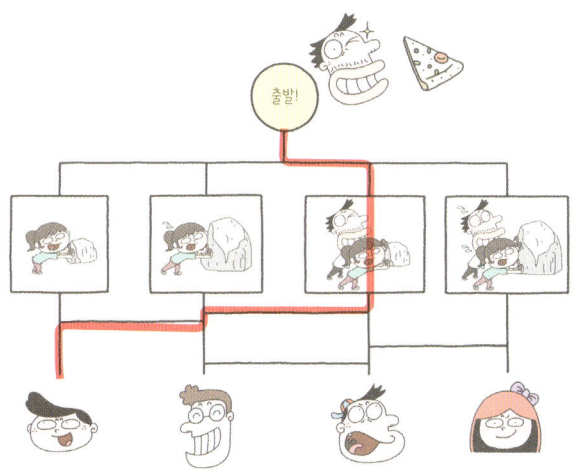

6교시

01 ① O　② O　③ X

02

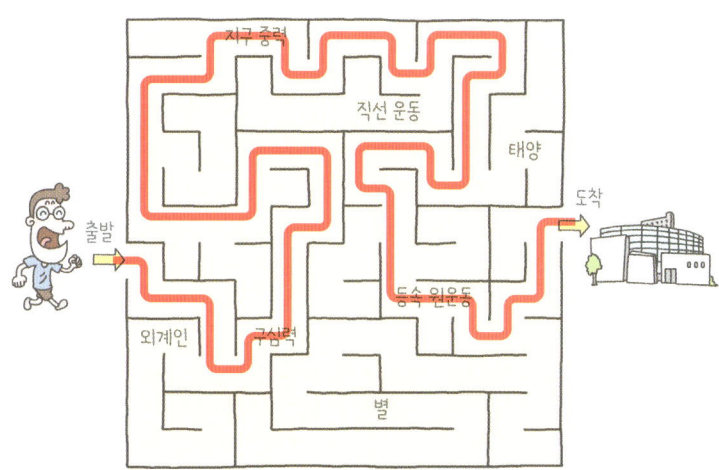

가로세로 퀴즈

①❶등	속	❷원	운	동				❸속
속		심				②구	심	력
직		력		❹인				
선				공				❺초
운				위		③시	속
동			④관	성		⑤❻방	향	
						위		❼이
⑥다	❽중	섬	광	사	진		⑦운	동
	력							거
								리

일러두기
- 맞춤법과 띄어쓰기는 국립국어원에서 펴낸 《표준국어대사전》을 따랐습니다.
- 과학 용어 표기는 《2015 개정 교육과정에 따른 교과용도서 개발을 위한 편수자료Ⅲ 기초과학, 정보 편》을 따랐습니다.
- 이 책에 실린 사진은 저작권자로부터 사용 허가를 받았습니다. 저작권자와 접촉하기 위해 최선을 다했으나 불가피한 사정으로 사용 허가를 받지 못한 일부 사진에 대해서는 저작권자와 연락이 닿는 대로 게재 허락을 받고 사용료를 지불하겠습니다.
- 이 책에 실린 그림의 저작권은 별도의 표기가 없는 한 사회평론에 있습니다.

사진 제공
30쪽: 안산도시공사, Paolo Bona(셔터스톡), Iurii Osadchi(셔터스톡) | 43쪽: 북앤포토 | 53쪽: 퍼블릭도메인 | 58-59쪽: 북앤포토 | 64-65쪽: marcello farina(셔터스톡) | 68쪽: marcello farina(셔터스톡) | 69쪽: Iurii Osadchi(셔터스톡) | 71-72쪽: 북앤포토 | 75쪽: Cultura Creative(RF)(Alamy Stock Photo) | 76쪽: 북앤포토 | 110쪽: Wolfgang Filser(셔터스톡) | 116쪽: KARI(공공누리저작물) | 그 외: 셔터스톡

용선생의 시끌벅적 과학교실 | 운동

1판 1쇄 발행	2020년 7월 1일
1판 6쇄 발행	2025년 1월 6일
글	이명화, 김형진, 설정민
그림	김인하, 뭉선생, 윤효식
감수	강남화
캐릭터	이우일
어린이사업본부	이승필
책임편집	이건혁
편집	정세민, 이명화, 홍지예, 김미화, 최예리, 윤성진
마케팅	윤영채, 정하연, 안은지, 박찬수
경영지원본부	나연희, 주광근, 오민정, 정민희, 김수아, 김승현
아트디렉터	강찬규
디자인	가필드
사진	북앤포토
펴낸이	윤철호
펴낸곳	(주)사회평론
전화	02-326-1182
팩스	02-326-1626
주소	03993 서울시 마포구 월드컵북로6길 56 사평빌딩
출판등록	1993년 10월 6일 제 10-876호

© 사회평론, 2020

ISBN 979-11-6273-118-5 73400

- 이 책 내용의 일부나 전부를 다시 사용하려면 저작권자와 사회평론의 동의를 받아야 합니다.
- 잘못 만들어진 책은 바꾸어 드립니다.

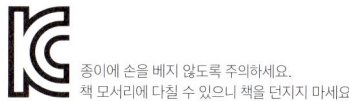

종이에 손을 베지 않도록 주의하세요.
책 모서리에 다칠 수 있으니 책을 던지지 마세요.